管通未来

能源丝路上的故事

主编 ◎ 孟向东

五洲传播出版社
China Intercontinental Press

图书在版编目（CIP）数据

管通未来：能源丝路上的故事 / 孟向东编 .
-- 北京：五洲传播出版社，2022.9
ISBN 978-7-5085-4862-3
Ⅰ . ①管… Ⅱ . ①孟… Ⅲ . ①油气输送－管道输送－
工业企业－概况－中国 Ⅳ . ① F426.22

中国版本图书馆 CIP 数据核字 (2022) 第 157590 号

管通未来：能源丝路上的故事

主　　编：	孟向东
出 版 人：	关　宏
策划编辑：	王　峰
责任编辑：	秦慧敏
装帧设计：	北京青心见画文化艺术有限责任公司
出版发行：	五洲传播出版社
地　　址：	北京市海淀区北三环中路 31 号生产力大楼 B 座 6 层
邮　　编：	100088
发行电话：	010-82005927，010-82007837
网　　址：	www.cicc.org.cn，www.thatsbooks.com
印　　刷：	中煤（北京）印务有限公司
版　　次：	2022 年 9 月第 1 版第 1 次印刷
开　　本：	710mm×1000mm　1/16
印　　张：	13.5
字　　数：	140 千字
定　　价：	68.00 元

编委会

主编　孟向东

编委　　钟　凡　　李自林　　金庆国　　周颖秋
　　　　　　王红军　　张　鹏　　姜进田　　韩建强
　　　　　　刘志广　　陈湘球　　钱亚林　　胡　宁
　　　　　　刘　涛　　任文全　　徐　宁　　李　平
　　　　　　赵华涛　　郝　云　　李　健　　臧铁军
　　　　　　张海荣　　袁运栋　　史云涛　　朱　明
　　　　　　韩相军　　郝　郁　　罗胤崽　　王　铁
　　　　　　祖煜东　　刘　锐

编辑　　赵华涛　　李兆玉　　杨欢叶　　李毅然
　　　　　　孙艺玮　　吕世涛　　薛子文　　杨　峰
　　　　　　牟　博　　刘贺熹　　卢　明

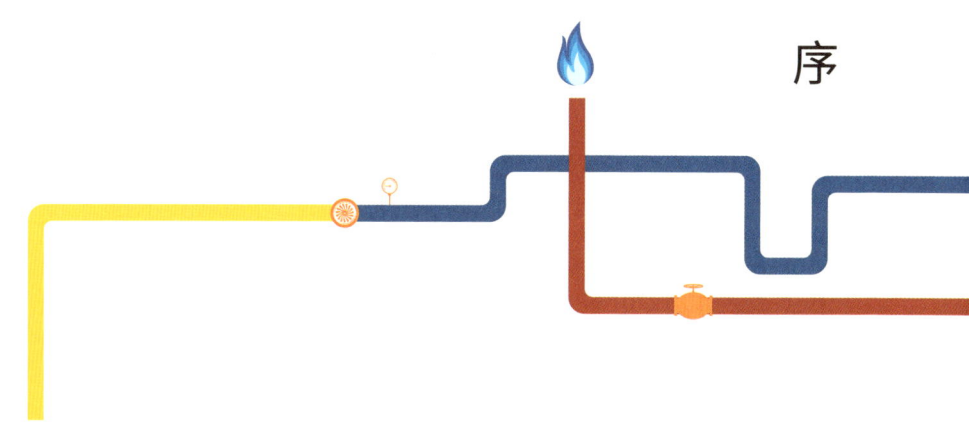

序

　　从能源角度看，上海合作组织堪称微缩版的人类命运共同体。面对上合组织区域能源版图，你会发现这里既有能源供应方，也有消费方；既有能源输出国，也有输入国；既有储藏丰富的油气田，又有能力可观的输送管线，还有尖端的技术和工程能力；既有油气资源的显著优势，也有能源结构的强大互补性。加之上合组织及其秉持的"上海精神"，在过去20多年里，为本地区营造了和平安全环境和良好合作氛围，这些都决定了上合组织能源领域互利合作的巨大潜力和广阔前景。

　　一直以来，上合组织国家高度关注能源合作，进行了卓有成效的探索和实践，积累了宝贵的经验，也取得了累累硕果。作为成员国的共同主张，能源合作在《上合组织宪章》及本组织历次元首峰会成果文件中均有提及，从《上海合作组织成员国多边经贸合作纲要》提出设计、建设新的油气管道的设想，到组建能源合作国家间专门工作组；从上合组织能源俱乐部倡议，到亚洲能源战略构想，再到能源部长会议机制正式成立并于 2021 年召开首次会议，上合组织框架下的多边能源合作逐步深入发展，渐入佳境。

作为上合组织创始成员国和能源合作不可或缺的参与方，中国秉持"上海精神"和共商、共建、共享理念，同区域其他国家一道，推进能源领域互利合作，形成了相互依赖、密不可分的能源合作共同体。合作意向，经过规划、建设、运营，成为惠及民生的成果，众多企业通过市场发挥了主力军作用。这其中，就有本书主人公中国石油天然气集团有限公司下属的中油国际管道公司。

本书讲述的是这家企业的员工们，有的来自中国，有的来自上合组织其他成员国，同项目和工程所在地民众一道，参与建设、运营、管理、维护能源管线背后鲜为人知的故事。这些故事的讲述者和亲历者们都是普普通通的工人和工程技术人员，他们用自己的青春、智慧、汗水和坚守，构筑起能源管道沿线坚固堡垒，守护了万里油气大通道的安全畅通，在收获理解、友谊和信任的同时，也在"能源丝绸之路"上谱写着平凡中的非凡。

正是有了他们的参与和付出，这些油气管线不再是能源版图上枯燥的线条，它们变得立体、生动、有了温度，富于情感和人文关怀。上合组织的合作事业正是得益于每一位普通劳动者的付出，如同点点滴滴的水珠形成涓涓细流，进而汇入本组织及国际社会多边合作的历史潮流之中。

　　我愿向本书中故事的讲述者和主人公们表达敬意，为他们点赞！他们用辛勤劳动与智慧承载起上合组织成员国人民对发展的共同追求，将上合组织能源合作变成了加强成员国互信与睦邻友好，构筑互利共赢、共享发展事业的重要桥梁。我也期待我们的成员国、企业和劳动者在上合组织框架下更紧密地牵起合作之手，续写更加精彩的"能源丝路"故事，为上合组织各领域合作再添佳话。

张明

上海合作组织秘书长

2022 年 9 月 1 日于北京日坛路

目录

发展篇

融合篇

共享篇

发展篇

情系丝路 风雨同行

◎ 杜盛君
中乌天然气管道合资公司

在中乌天然气管道工作的这 8 年多时间里，我身边发生了许多令人回味的故事，有冲突，有理解，有曲折，有感动。时间流逝，不变的是对丝路的一往情深，面对困境的携手并肩。

2012 年，我大学毕业后，进入了中油国际管道公司。尽管我在大学读的是俄语专业，但对中亚地区的情况还是比较陌生的。直到我因为工作来到了乌兹别克斯坦首都塔什干，入职中乌合资公司运销商务部，我与中乌管道的故事也揭开篇章。

在中乌项目上，我们喜欢称管道为"丝路"，一方面是贴切地对应到中国的"一带一路"倡议，更重要的是能感受到中国与中亚地区延续上千年的友好往来。

中乌合金文化闪耀加兹里

在中乌合资公司，首先面临的挑战便是跨文化交流的障碍。中乌团队自组建以来，由于双方在生活习惯、

中乌天然气管道合资公司员工齐心协力，共同奋斗

思维方式、工作理念、教育背景及文化观念等方面的不同和差异，最开始难免会有一些隔阂和矛盾。但令人欣喜的是，中乌人民之间的深厚情谊和互相信任足以战胜这一切困难。

位于乌兹别克斯坦加兹里的 WKC2&GCS 站的投产运行，见证了中乌员工相知相亲、团结合作的友好精神。

加兹里夏季炎热漫长，冬季寒冷短促，肩负着为 AB 线增压和乌气注入 C 线的重任。投产初期，面临双方员工的交流障碍，中乌员工都展现了最好的个人和企业形象，经过短期的磨合，中乌员工能够心往一处想、劲往一处使，为建设中乌管道、惠及周边民众生活、延续中乌友好贡献力量。

中乌天然气管道 WKC2 站

长期在伊斯兰文化国度工作，尊重当地文化是最基本的条件。通过开展伊斯兰文化培训和日常互相提醒，中方完全适应乌方同事的生活习惯和习性，并给予应有的尊重。比如，每年斋月期间，为了减少乌方同事的工作量，中方主动承担大部分工作，赢得真诚的感谢。以尊重为基础，大家互助互爱，加深不同文化间的理解和认同，展现民族习惯性融合。

中乌团队定期开展"春夏秋冬""一月一特色"系列娱乐文化活动：春天的加兹里运动会，夏天的消暑之夜，秋天的收获之旅，冬天的温馨室内赛。每逢中国的春节、中秋节、国庆节和穆斯林的开斋节、古尔邦节等重大节日，中乌团队共同庆祝，深入了解对方文化特色。通过各种形式的活动，中乌团队充分交流，深入互动，推动了双方文化融合，树立了牢固工作情谊。

多年来形成的生活和工作惯例，推动了中乌文化的认可和融合，增进了互相的了解和信任，不断夯实中乌友谊。中乌团队理念高度融合，工作默契度高，执行力强。在日常维护检修、重大作业等时候，中乌团队目标明确，团结一致，互相配合，历年来较好完成了站场标准化建设、技术标准编制、管线泄漏隐患治理等工作，站场综合排名名列合资公司前茅，多次得到中乌股东和合资公司表彰。

中乌团队积极发挥各自优势，在技术改造、备件修复等方面各取所长，独立自主完成多项技术革新和成果申报，实现修旧利废、降本增效。在中方持续无私帮助下，乌方同事技术能力不断提升，中乌团队合力得以展现，站场成为中乌项目第一座乌方独立值班

钻研·中乌天然气管道合资公司员工在站场配合默契

的站场，乌方同事在设备设施基础维护保养、日常操作、专项检查等方面具备了独立操作的能力。

经过多年融合发展、探索创新，中乌团队展现了"加油争气，孜孜不倦，理念融合"的工作精神，彰显了加兹里中乌合金文化魅力。

是合作伙伴更是朋友

给我印象最深刻、也是每天打交道最多的乌方员工，当属运销事务部的部门副经理瓦利洛夫先生。当地人称呼年长者，通常会在名字后加上"哥"，于是我便亲切地称呼他为"瓦哥"。

2012 年我刚来的时候，瓦哥 55 岁，他曾任乌国设计院院长。瓦哥在乌方人中资历够老，气场也很强。

作为新人的我每每去找他协调工作上的事情，他都故意似的先用"奇怪"的眼神看着我，而后笑眯眯地半晌不语，最后以一句"年轻人，你非常有趣"开场。每当这时，我都以为是我工作有什么地方没做好，但事后证明并不是。除此之外，瓦哥还有一个经典动作，即在听到打破他常规思维的工作建议时，他会将两只手的食指、中指分别并拢后交叉——意思是"进监狱"。

2016年中方主导在合资公司层面推动"乌气自用气全替代"降本增效管理创新倡议。4月的一个早晨，当我向瓦哥传达着中方提出的"乌气自用气全替代"降本增效管理创新倡议时，瓦哥嘘着初春的哈气，朝我比了一下经典动作。迎着他的绝杀手势，我硬着头皮继续阐述："这次创新理念的确很大程度上突破了常规思维，在乌气不流经的管道也用乌气来结算自用气。这虽然突破了地理和物理限制，但一旦实施，对中乌合资公司和乌石油国家控股公司是互利共赢的。为此，双方将一同申请乌国内阁令的签发，将这个模式合法化。但在这期间，咱们部门需要做好相关协议编制等重要准备工作，需要咱们一同努力推动。"瓦哥听后向我报以莫名的微笑，笑而不语。半晌，他终于神情严肃起来，反过头来苦口婆心地对我说："你还年轻，不知道这里面的危险。这个事绝不能干！会进监狱的！"一边还瞪大眼睛，用力地拍打着那四根手指。看着他认真的样子，我没能忍住笑了出来。没想到这一下子激怒了他。瓦哥把我轰出了办公室。站在门口的我哭笑不得。

事实上，基于4年的工作交流经验，我有第一次被嘲讽的心理准备。同时，我相信，作为当地优秀的工程师和领导人员，他最终会理解并支持我们的这个创新举措。于是，第二天，我又鼓足勇气，再次走进了瓦哥的办公室……就这样，一天天过去了，瓦哥和其他乌方人员一道，逐渐转变了思维。乌方伙伴就是这样，一旦确定方向，就会投入百分之百的热情。最终，在中乌合资公司双方员工的共同努力下，创新模式得以实现。至今，这一模式仍每年为中乌双方公司产生着巨大效益。

2020年初新冠肺炎疫情暴发以来，中乌合资公司高度重视，采取了及时有效的防疫措施，为公司同事做好疫情防护工作，合资公司要求非必要情况全员居家办公。

谁都清楚，这个时候出门是极其危险的，加上乌国同事普遍是三代人居住在一起，倘若一人感染，将会影响全家。但是，我们运销事务部每月中旬都需要和中油国际事业公司传签一次月度结算单。谁来跑这趟业务呢？这时候64岁的瓦哥——这位两度中风痊愈的乌国硬汉，站了出来！他让部门的小伙子都在家呆着，自己包揽了疫情期间绝大部分外出文件传送工作。公司经理刘志广听说后，叮嘱我说："告诉他务必小心，他这个岁数可是易感人群啊！我们都是一起走夜路的人，谁都不能落下！"电话那头的瓦哥对我说："是的，谢谢！我知道，我家里还有15口人呢。"电话这头的我除了穷尽平生所学俄文重复着"保重"二字，不知再说什么，平时互相最爱开的玩笑话——"年底给你最佳员工"，这时竟说不出口了。

中乌天然气管道合资公司及时更新中乌员工动态信息，调整防护物资采购情况

　　我打开电脑，搜索丝路地图。鼠标快速滑过之处，不知闪过了古今多少人的一生和理想。今天，在这条古老的丝绸之路上，国际管道人携手战略合作丝路伙伴，用互利共赢的真情灌溉着古人的轨迹，用发展和创新的魄力打造着时代的担当。再大的风雨也熄不灭这团丝路人民一同守护的蓝色火焰。真心祝愿我们和这些有血有肉、有性格有担当的中亚朋友们一同携手，迈向美好的未来。

我们在一起就是力量

◎ 维涅拉·聂斯巴耶娃
中哈原油管道有限责任公司

　　中哈原油管道公司是中国和哈萨克斯坦两国在石油天然气领域合作的合资企业，建设运行着"阿塔苏—阿拉山口"和"肯基亚克—库姆科尔"两条石油管道。这个项目对于哈萨克斯坦来说非常重要，通过与中国的合资创建，我们增加了与中国专家学习交流的机会，提升了我们在管道建设运行方面的知识水平。我们也

中哈原油管道清管站

中哈原油管道 11 号泵站及维护抢修中心

非常珍惜这样的合作机会，目前公司不断提升国家的石油生产和出口量，不断创造就业机会，也在不断加强两国之间的关系。

中哈原油管道公司在我生命中起到了巨大的作用，在这里，我积累了丰富的工作经验和生活经验，结识了我的导师和善良友好的朋友们，我也找到了人生道路发展的方向。

2004 年，大学毕业后，我很彷徨，不知道该选择哪个领域作为职业生涯的开端。中哈原油管道公司的企业精神感染了我，他们有一支团结紧密、友善热情的团队，我渴望成为这个团队中的一员，因为在这里我可以得到自我实现，提升专业技能，为国家贡献自己的一份力量。

在公司创立之初，我便成为公司的一员。那时，公司位于一栋两层高的小楼里，狭窄的办公室里挤满了家具，我们不得不自己来找工作位置。但是员工们一点都不懈怠，大家都积极地面对困难，克服困难，我们从家里带来鲜花和画作来装点办公环境，努力改善工作条件。

在现场工作的员工需要经常到野外工作，工作条件非常艰苦，没有沥青路，没有合适的住宿房间，没有餐饮地点，大家不得不努力克服困难。我们的管理层认识到这一点，主要安排男士到现场工作，但有时女性也得去现场。尽管如此，工作人员在关键和紧急情况下并没有气馁，大家相互支持，相互帮助，努力找出解决问题的办法。

2008 年，公司派四人赴管道沿线检查肯基亚克—库姆科尔管道设备的技术安全状况，那时我还是质量安全部的一名年轻员工。那是管道建设期快要结束的时候，去现场的路上，开始时一切都很顺利，我们无忧无虑地前行，一路上谈天说地。

路上要经过一段铺满松软沙的铁路，突然，车轮开始打滑。尽管我们的司机经验丰富，但他努力尝试多次后汽车依旧保持不动。当所有的尝试都宣告失败

肯基亚克首站

后，男士们开始自发地推车，但依旧未能成功，汽车被死死地卡住了。由于火车随时可能到来，情况非常危险。在我的脑海中仿佛听到了火车驶来的声音，后果简直无法想象。每个人都开始祈祷。

于是，女士们也跳下车，开始跟男士们一起推车。从轮胎下面滑出的泥土和沙子弄坏了女士们的发型和妆容，但她们毫不退缩。终于，车慢慢动了起来，逐渐离开了危险区域。大家都松了一口气，女孩子们整理头发，擦干净被泥土弄脏的脸，继续前行。

这只是中哈原油管道公司的员工在这个能够为国家带来经济效益和社会效益的强大组织中工作时可能面临的众多困难场景之一。

过去几年中，公司迅速发展。今天，我们坐在一座现代化的商务中心里，宽敞的办公室配有现代空调系统，为了加强安保措施，我们安装了现代化安全设备。工作环境变好了，但是我们的企业精神没有改变，依然是团结和谐，充满凝聚力。公司继续对员工进行各种培训与教育，包括语言课程与国际课程。公司的宗旨是确保员工有安全的工作条件。为此，公司会定期举办安全方面、环保方面的培训。此外，公司也在持续采取各种措施减少和预防负面环境影响。

公司在哈萨克斯坦的良好声誉正在不断扩大。一是通过有利的社会政策，不断吸引当地居民，增加国家就业人口。二是发展慈善事业，多次为各种组织提供家具、电脑，例如结核病中心、学校、孤儿院等。

我相信企业文化和团队凝聚力是公司成功的核心原因。公司会经常举办有意义的集体活动，例如团队建设和企业晚会。所有员工都会积极参加，大家在一起跳舞、唱歌、做游戏，相互融合。

在公司工作 15 年，我能肯定中哈原油管道公司是哈萨克斯坦最棒的团队，员工具有高度的专业精神和集体凝聚力。

我要感谢中哈原油管道公司，在这里，我积累了丰富的工作和生活经验，认识了友善的同事，有了不错的收入。它还给予了我访问不同国家的机会，开阔了我的眼界，提升了我的专业知识水平和专业技能，也影响了我的人生观。

钢铁是怎样炼成的

◎ 拉苏尔别克·阿玮佐夫
中乌天然气管道合资公司

人的一生想要收获完整的幸福，需要三个条件：慈祥的父母、称心的工作和贤惠的妻子。感谢上帝，赐予了我非常好的父母。

大学毕业后，为了获得一份称心的工作，我辗转于多家与石油天然气行业相关的公司，终日奔波于简历投递和各类面试中，但最终都杳无音讯。虽然一直在积极寻找，但仍无法找到一份适合自己的工作，于是我开始怀疑，收获完整幸福的第二个条件我能否实现，能否如愿……终于，在无尽等待中，2010年秋天，我收到了中乌天然气管道合资公司（ATG）的面试通知，它就像无尽黑暗中的一束光，照亮了我！当得知中乌管道是乌兹别克斯坦第一家使用先进技术输送天然气的合资公司以后，我真的很荣幸有机会成为这宏伟国际项目的一分子。

愿望成真，我被成功录用了！入职后，我被派往WKC1站开始了工作。工作中，我为两个不同民族的员工间的团结而深深震撼，尽管有着不同的语言和宗教信仰，但他们在履行各自职责时没有任何障碍。从这一时刻起，我的生活翻开了崭新的一页，是时候运用我大学所学的全部理论和知识努力奋斗了！

记得有一次，站里发生了紧急故障停运，我们在主管压缩机工程师陶金的带领下，对 ESD 区进行检查，发现其中一个阀门没有打开，就在我们决定手动启动阀门时，该阀门开始漏油，我由于害怕，本能地跳了

中乌天然气管道 WKC1 站

回去，那一刻我真不知道发生了什么。陶金对我说："不要害怕，情况受控，很安全，慢慢过来，你来拉杠杆。"我按陶金的指示，一步步操作，终于成功地打开了阀门。其实在场的大多数员工看到我的反应都在窃笑，但是陶金没有这样，他像我的导师一样，详细地为我解释起了这组阀门的工作原理。在那时，他的专业技能、人格魅力和个人品质给我留下了非常深刻的印象。

2011 年，按照员工发展计划，我们被选中去中国培训。以前在乌兹别克斯坦，有着中国商品质量远远不及欧美商品的印象，在到访中国之前我也是这样认为的。但自从在中国生活居住几个月之后，我坚信之前的对中国商品的印象是大错特错的。有件趣事，至今难忘。

有一次教我们中国古代史的老师宋青先生邀请我们共进晚餐，是在一家餐馆里吃火锅，进去以后，服务生端上来新鲜的蔬菜和切得薄薄的生肉片，还有烧满开水的锅放在桌子中间。我当时非常惊讶，根本不明白这是怎么一回事，因为我原来都只在电视里才看过这样的场景。老师笑着给我讲解道，原来火锅的精髓在于，要我们自己挑选所需的食材，自己把它们做熟。当然，最后我们都为品尝到了这样美味的晚餐而高兴，这段往事也在我的心里留下美好的回忆，总能不经意间回想起这一刻。当我回到祖国，回到我的工作岗位，我感到自己与中国同事们的关系又拉近了一步，因为在中国访问、学习期间，我学会了一点中文，在与中国同事们用他们的母语交流时，自然更加深了彼此的友谊。

2012 年，因工作调动，我转到 WKC3 站工作，在这里继续担任倒班工程师。我为自己设定目标，每天都在努力学习技术软件，提高专业技能，几年下来，我已经能够胜任天然气站场调控工作。

凡事都有困惑，在工作中也一样。来 WKC3 站工作了五年，我开始厌倦晚上的值班工作，我期待职业发展，但似乎看来一切都冻结了，在我最困惑的时候，甚至有时都想换个新工作。一次偶然的机会，由于中方员工短缺，我和范立志先生一起值夜班，我这才恍然大悟，知道了这项工作的重要性，因为身为站长的范先生，如果有必要，他也毫不犹豫地值夜班。在一起值班的时候，范先生和我聊了很多，我向他讲了我对工作的困惑，他一直在默默地、认真地听着我的话，最后他推荐我读一本书，是奥斯特洛夫斯基（N. Ostrovsky）的《钢铁是怎样炼成的》。读完后我明白了，需要战斗到底，学会忍耐和等待。

中乌员工脚踏实地、携手并进，一起巡检站场

2017 年，在我们运行总经理孙强先生的提议下，公司进行了人员岗位调整，考虑到我掌握设备自动化技能，并希望进一步提高专业技能，我被任命为自控工程师。从此我工作的第二个征程开始了，我也坚信我能为我们公司发展作出更大的贡献，并自豪地开始履行自己的职责，开始直接参加压缩机机组的各项维修工作。从此，我爱上了压缩机，就像爱自己的汽车一样。

在 TAPLine 管理层的建议下，我们公司于 2017 年开始实施站场标准化工作，旨在提高生产管理的效率，我有幸被任命为该委员会的成员。那时起，我开始意识到公司对自己的重视，并为自己成为中乌天然气管道团队的一员、为共建"一带一路"作出自己的贡献而感到自豪。

我们公司的战略目标是成为世界一流国际化管道公司。因此，我们不断努力引进新的先进技术，并加大员工培训投入和设备升级。每一位员工在这里都收获了成长，实现了人生的价值。这些付出最终对乌兹别克斯坦的经济和技术水平的发展都具有重大意义和深远影响。

时光荏苒，回顾这 9 年来的时光，我可以肯定地说我是一个快乐的人，因为我父母安康，家庭美满，工作称心。

在最后，我想说，每个人都会问自己一个问题：他是否做出了正确的选择？他是否朝着正确的方向发展？如果您问我这个问题，那么，我会毫不犹豫地自豪地回答——是的！

把好事做好

◎ 努尔卡纳特·穆康别多夫
中吉天然气管道有限公司

时光真如白驹过隙，而今已是我来到中吉天然气管道有限公司的第 5 年，也是中亚天然气管道有限公司成立 15 周年。中油国际在中亚地区共有 6 条天然气管道，我所在公司位于吉尔吉斯斯坦。

中国有部很有名的电影——《冰山上的来客》，故事就发生在帕米尔高原。我的故乡也在帕米尔高原，只不过是在山的那一面。因此，我常说我自己像是"冰山上的来客"，来到中吉天然气管道有限公司（以下简称"公司"）工作。

但是，在公司工作的时候，我并没有感到自己是"客人"。这里的中国同事都像是帕米尔高原上的家人一样，我们的目标都是要把事情做好，让家人安心，即在发展中为当地创造和分享价值，实现多方合作共赢。对此，我想分享一个我亲身经历的印象深刻的故事——

公司立足人才发展战略，定期会推出一系列的人才培养计划，如百名青年骨干英才、百名英俄双语人

雪山风光

才、百名国际认证人才、百名属地定制人才等。其中，为落实属地化发展，公司发布公告，计划开展"校企联合培养留学生"的招生工作。具体而言，要在管道沿线地区选拔 30 名优秀高中毕业生，通过定向委培方式，为公司及所属地区培养一批管道运行专业人才。我听说后，心里不禁想，这真是一件大好事，不用宣传，来报名的人也肯定络绎不绝。

  作为土生土长的本地人，同时还是公司的翻译，我有幸参与了毕业生的面试工作。依照我的想法，这件事很简单，把选拔工作交给当地政府，由他们负责，等他们选好人后，我们直接来拿入选人员的材料就可以了。但是，公司总经理关新来先生告诉我，不能这样做。他亲自带队到州政府、区政府、各个中学，向各级政府官员、高中毕业生及其家长们耐心地介绍中吉天然气管道的建设情况和将来的运行方式；诚恳地说明项目给中吉两国人民带来的好处；并再三强调招生工作的公正、公平、公开。公司还特意从中国西安石油大学请来老师成立面试小组。经过前期充分的宣传动员工作，和中间严格的选拔流程，我们最终选拔出 30 名优秀的高中毕业生。后来，关总又亲自带队将这些学生送到西安石油大学，安排好一切才放心离开。

在选拔期间，还发生了一件有意思的小事。有一天，一位胖大婶拉住我，问长问短：父亲叫什么呀？是哪个部族的呀？我们吉尔吉斯人口较少，一般来讲，问上一两代人，就知道是不是亲戚了。我终于明白她

努尔卡纳特在工作岗位上

的意思，用汉语来说就是"套近乎"。最后这位大婶说，如果我能帮她孩子录取，就会给我"好处"。大婶说的时候我就在想，如果不是这样深入细致的安排，招生工作一定会非常混乱。弄不好，还会成为引发矛盾的导火索。于是我耐心地给胖大婶介绍公司的"三公开"原则，并说我是公司一员，必须遵守公司的规定。最后我给了她一个建议，如果这次没被录取，孩子还可以去奥什州国立大学孔子学院学习汉语，毕业后再来公司应聘。讲完这番话后，出乎意料，胖大婶非但没有生气，反而拍拍我的肩膀说：好样的。那天我真高兴，我感到我真正成了公司的一员。

又过了几天，领导让我去中学收取被录取的学生档案，这应该是一件轻松愉快的差事。我是一路唱着歌去的。到了学校后我"傻"了。校长告诉我，有四五名学生不再继续参加选拔，具体原因不清楚。我当时猜了好几个原因——是生病？不像，不可能这几个学生同时病倒。是车祸或者其他事故？从校长的表情看也不会。那是什么呢？我急了，慌忙跑到学生家里了解情况。

原来，有一位学生家长想了解中国的情况，就去网上查询资料，却看到了对中国造谣污蔑的宣传，并信以为真。那些谣言毫无道理，对我们来讲不值一驳，但对长年生活在大山深处的百姓而言，还是有很大"杀伤力"的。所以，几位家长私下沟通后，决定不让孩子去中国。面对这一棘手的问题，我对自己说："卡纳特，考验你的时候到了，你必须现在就把被颠倒的是非扭转过来，让他们知道真正的中国是什么样的！"

我开始运用中国朋友经常教我们的方法：晓之以理，动之以情。我首先讲了我们吉尔吉斯的谚语，对应到汉语就是：耳听为虚，眼见为实。我还列举了中国公司在吉尔吉斯进行的一系列惠民利民项目，包括修路、架桥、建变电站、建发电厂、建医院、建学校等等。最后，我从手机里翻出一年前公司派我去中国参加培训时拍摄的照片。这张照片真实地反映出：中国是一个美丽的人民生活幸福的现代化国家。边给她们看照片，我边解释说我所见到的中国，她是世界上最安全的国家之一，人民都很友好，交通也很便利。看完照片，这些大婶终于服气了，改变了看法，纷纷说："卡纳特，我们信你了，我们的孩子就交给你了！"一位大婶还在我耳边说，这件事就不要告诉中国人了，怪丢人的。的确，我回去没告诉大家，但我更加懂了"把好事做好"，是一件多么不容易的事。

努尔卡纳特体验中国文化

"把好事做好"，这是我们曾经的总经理关新来先生经常挂在嘴边的话。这句话单从汉语来讲就很有意思，而它的内涵就更加丰富了。它告诉我们：一件事，不是说出发点是好的，结果就一定好；如果不注意细节、不落实责任、不考虑困难，它也可能成不了好事。

"老外"的家在中国

◎ 陈冀

中油国际管道（新疆）有限公司

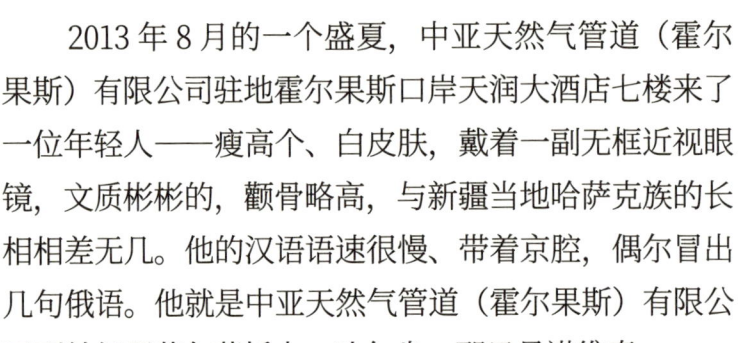

　　2013 年 8 月的一个盛夏，中亚天然气管道（霍尔果斯）有限公司驻地霍尔果斯口岸天润大酒店七楼来了一位年轻人——瘦高个、白皮肤，戴着一副无框近视眼镜，文质彬彬的，颧骨略高，与新疆当地哈萨克族的长相相差无几。他的汉语语速很慢、带着京腔，偶尔冒出几句俄语。他就是中亚天然气管道（霍尔果斯）有限公司副总经理萨尔萨托夫·叶尔肯·那日曼诺维奇。

　　2008 年，从中国石油大学（北京）机械与电气工程系自动化专业毕业后，叶尔肯成为中亚管道的一分子。三年后凭借着自己的汉语水平，再加上勇于挑战的性格，叶尔肯远离了自己的祖国哈萨克斯坦，来到中国新疆戈壁边陲——霍尔果斯口岸参与中亚天然气管道霍尔果斯末站的建设与运行工作。

　　初到伊始，尽管叶尔肯在中国石油大学（北京）学习了五年，有了一定的汉语基础，但由于中哈两国间的文化差异，他对中国地方上的单位公文部分专有词汇、行文格式等还不是很了解。一份文件签发前，

霍尔果斯末站

　　他一定坚持先吃透每一句中文的句意，然后再翻阅译文、查阅字典并进行比较，直到完全理解并确认译文准确后，他才签发并实施。叶尔肯对外发的俄文要求很高，把不符合俄文表达方式的语法和句法、字母大小写、标点符号等都用铅笔一一标注并修改。在他的办公桌上放着俄汉、汉俄大辞典，手机上还下载了电子词典。为了练习听力和口语，开会时，他不让翻译人员进行同声传译，坚持自己先听，听不懂的，让发言者重复或解释以便理解，并向翻译人员描述他理解的内容，验证他所理解的是否准确。

　　每到穆斯林节日期间，他便从自己的薪水中拿出

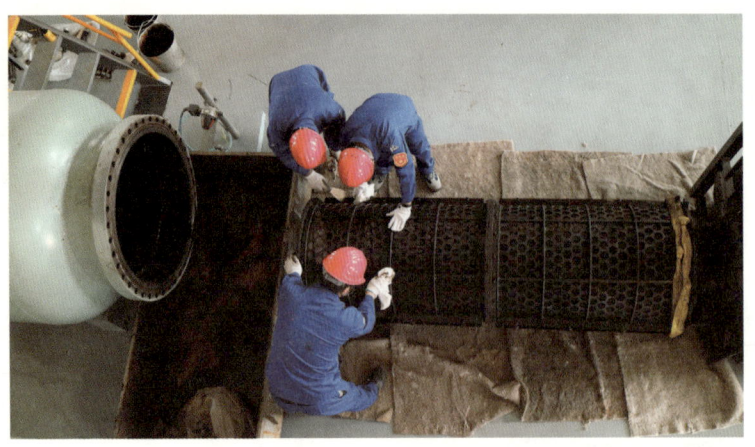

中油国际管道（新疆）有限公司阿拉山口计量站工作人员坚持从大处着眼、小处着手，将提质增效真正应用于生产实践中

一部分钱为天然气管线周边的哈萨克族、回族牧民购买礼品并送上节日的祝福。为响应霍尔果斯市政府定点"结对子"精准帮扶脱贫的惠民号召，叶尔肯积极参与"民族团结一家亲"活动，与霍尔果斯市莫乎尔牧场驻村工作组对接，深入精准扶贫户家中进行面对面交流，详细了解他们的家庭、收入、支出、住房等具体生活情况及贫困原因，并结合贫困户的意愿、技能和自身优势，为结对贫困牧民想办法、出点子、传信息，增强其脱贫能力，真正做到扶贫帮困送温暖。

作为"80后"的叶尔肯与计量站的同事们年纪相仿，大家交流起来没有代沟。在郊游烧烤时，他用哈国料理方式腌制羊肉，蹲在烤炉前精心烤制羊肉串，同事们对他竖起大拇指，连连说"亚克西"。在活动中心健身器材场地，作为2003年哈萨克斯坦共和国武术散打冠军，他热心地纠正公司健身爱好者推举杠铃的姿势，并讲解身体各部分肌肉的锻炼要领及注意事项。

在一次阿拉木图出差结束时，他与哈方同事告别说："朋友们，我要回家了，再见。""你不是要回中国吗？"哈方同事吃惊地问道。叶尔肯笑道："对啊，现在计量站就是我的家，那是我的第二故乡。"

这位哈萨克斯坦籍的年轻人为公司带来了异国年轻人的活力，他将自己最宝贵的青春挥洒在霍尔果斯口岸，他见证了霍尔果斯计量站所经历的风风雨雨，见证了中亚天然气管道 C 线霍尔果斯段的建设辉煌。

老卡就像一本书

◎ 陈子鑫
中乌天然气管道合资公司

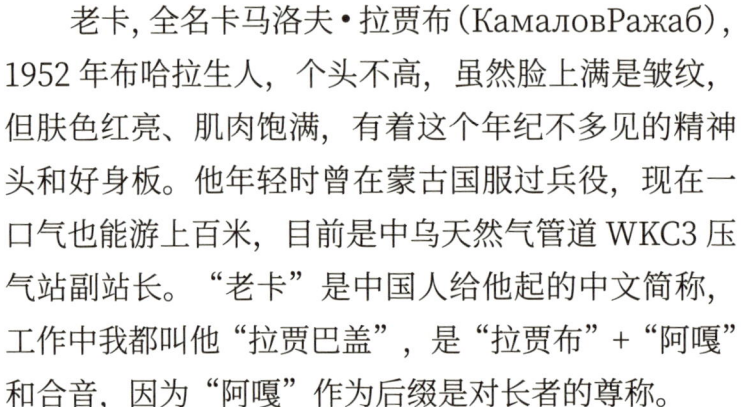

　　老卡, 全名卡马洛夫·拉贾布 (КамаловРажаб),
1952 年布哈拉生人, 个头不高, 虽然脸上满是皱纹,
但肤色红亮、肌肉饱满, 有着这个年纪不多见的精神
头和好身板。他年轻时曾在蒙古国服过兵役, 现在一
口气也能游上百米, 目前是中乌天然气管道 WKC3 压
气站副站长。"老卡"是中国人给他起的中文简称,
工作中我都叫他"拉贾巴盖", 是"拉贾布"+"阿嘎"
和合音, 因为"阿嘎"作为后缀是对长者的尊称。
　　初识老卡是在 2011 年年底 WKC3 站的投产试运
工作中。他像一个大家长, 站场的物资、交通、安保、
消防里里外外都要他组织安排, 及时到位的后勤支持
是投产工作顺利进行的有力保障。老卡从建站伊始就
注重中乌员工的沟通和团结。记得 2011 年 12 月 31
日晚, 他邀请我和范站长到集装箱改建的宿舍里, 把
凳子拼在一起当成饭桌, 我们围在一起, 一份馕就着
一碗炖羊肉, 为了投产成功, 为了中乌友谊, 举杯共
庆在 WKC3 站的第一个公历新年。不曾想这之后的每

中乌天然气管道合资公司中外方员工在现场共同解决技术难题

一个新年我们都在一起庆祝。

工作上我们是好伙伴、好搭档。站场工作依托合资公司平台开展，作业内容需要中乌双方沟通一致。老卡经历过困难时期的生产，一辈子在工作中勤俭惯了，遇到故障的部件总想着怎么修，总想着拆开来研究一番，看能有什么可用的。这个劲头让我想起了大庆精神的"六个传家宝"，所以我们特别理解他的出发点。当他不怕脏、不怕累，修好了热力管线的水泵和污水处理系统的风机的时候，我们都由衷地敬佩他。但设备的集成化程度越来越高，有些机械部件因现场不具备工厂的装配条件不能随意拆卸，有些电子元器件集成在一起而无法分离测试。这时候老卡还执意拆检，我就会从元件组成到运行稳定性的角度和他讲解我们的处理思路，介绍故障处

WKC3 站的中乌员工共同庆祝新年的到来

理理念从维修向更换的转变，双方达成一致再开展作业。这些沟通时间在工作中不能省略，既是相互尊重，也是在传达我们的工作理念，俗话说："人心齐，泰山移。"乌方运行人员在自动控制专业方面基础弱，每次有仪表控制系统的故障处理和作业，老卡都会叫站上的年轻人来向我们学习。他说自己不懂，但年轻人要懂，要给有能力的年轻人成长机会。在这里工作不分中方还是乌方，我们都有一个共同的名字——ГАЗОВИК，是俄语中特指我们天然气工业工人的名词，大家都是 ГАЗОВИК，大家都为了同一个目标而奋斗，这也是最能引起共鸣的一句祝酒词——"Завас,занас,заАзияТрансГаз!（为了你，为了我，为了 Asia Trans Gas！）"

生活上老卡是我在乌国的亲人。身在异国他乡，难免会有疲惫和沮丧的时候，虽然我尽量不表现出来，但细心的老卡总能捕捉到，询问我心情怎么样，然后变戏法一样地掏出一块糖给我，吃在嘴里甜在心里。离开 WKC3 站工作之后，最怀念的是老卡在站上做的各种乌国美食，有时晚上他会敲开门塞给我一碗肉冻或是现烤蛋糕，有时会拉着我去他们食堂吃手抓饭和烤包子，夏天刚熬好的家酿果汁或自己种的西红柿，也会让我第一个尝。到了周末的"老卡小灶"时间，他会自己做香煎海鱼或梭梭柴熏肉给我吃——汽油桶底垫上木炭和梭梭柴，上面闷着肉，慢慢熏，超美味。更别说节日时的乌国版铁锅炖鱼和群众喜闻乐见的乌兹别克烤串了。要是我不在，有什么好吃的他也要留一份给我，每次老卡休假回来，都会给我带个馕包鸡或软炸苏达克。老卡对我可以说是宠溺，生生把我这个中国人喂出了一个乌兹别克胃，我想他一定是懂"吃饱了不想家"这句俗语。

陈子鑫和老卡在集装箱组成的厨房一起准备烤肉

每次我从国内休假回来，老卡都会问我外公外婆身体怎么样，有一年我回家过年，他还送了一套乌兹别克大袄——"洽邦"给我外公，说天冷这衣服暖和，祝他健康长寿。外公看着这件异域服装连说谢谢，让我带了一套南京的云锦给老卡。中乌两个老石油人因一件民族服装，一条管道产生了联系，彼此惺惺相惜。不论是年龄上还是感情上，老卡都可以做我的乌兹别克"爷爷"，但我估计他是不好意思，所以总说我是他的"中国小儿子"，如果他还有未出嫁的女儿，一定要把女儿嫁给我。我每次休假回来，他必然要问我回家结婚了吗？什么时候结婚？再不结就要给我介绍乌国姑娘，在乌国安家吧。如果我俩出门，他会用老顽童的语气和我讨论哪个姑娘好看，但最后往往会回到他夸赞他夫人很优秀的话题上，不过他夫人的确非常善良、温暖。找老婆方面老卡也会开启说教模式，教育我女孩子长相不是第一，但心眼一定要好。这一观点几乎每个国家的父母都会和自己的孩子这么讲。

老卡还是我的文化导师，我的乌国指南。有关当地风俗的问题，我都请教他，比如喝茶前为什么要将茶水在茶壶茶碗间倒三次，为什么不能在门框下握手，为什么聚餐他都坐在桌子的最远端。他教我分辨干果的好坏，讲解清真寺的历史和各种风俗逸事，体验水烟和烟粉，参加婚礼要注意什么……和他在一起体验乌国生活，总是有趣又安心。他也乐意学习中国文化，比如喝酒时总执意要双手端酒杯敬酒，让我这晚辈受之不起。站上过元旦，开 Party，他会把自己扮成"雪老人"，和雪娃娃一起送祝福，完全没有领导架子。

陈子鑫和老卡在站场合影

他说在中国看到人们跳着广场舞，吃着烤串喝着啤酒，感觉退休了人们有很多业余生活，过得充实，他很羡慕。有时他会和我讲，和中国比乌兹别克斯坦是个小国家，人民祈求生活安定就好，他们经历过的事情很多，知道和平和安定的不易，为了和平干杯！

　　5 年的相处，老卡就像一本书，故事很多，时间很短，来不及读他，他就老了。我的房间就在他隔壁，有时能听到他屋里的呼噜声，我知道他是工作太累了。2015 年春天，平时一向红光满面的老卡病了三周，瘦得小了一号，肚子也没了，我能做的也只是在站上给他找些国内的中成药，写在小纸条上嘱咐他该怎么吃，工作上让他少操点心。好在他后来痊愈了，又成了那个有点肚腩的精神矍铄的老卡。

国际员工的故事

安全高于一切

◎ 苏莱曼

中吉天然气管道有限公司

　　在中吉天然气管道有限公司 (TKGP) 驻吉国分公司的行政部工作已 5 年多，可以说，这些年来，我最大的收获就是工作中学习并树立了"员工生命高于一切"的安全理念。

　　我在行政部主要负责 QHSE 方面工作，因积极努力、较好的完成了 QHSE 工作，多次受到领导同事的一致好评，两次被授予"QHSE 先进个人"荣誉。

　　我的日常工作是做好保洁、保安等承包商管理，为大家提供一个干净舒适稳定的办公环境，做好办公用品、维修用品和清洁用品的采购、发放、盘点等日常管理，确保办公室各类设备设施的正常运行。这些事情看起来虽然微小，但与大家的工作生活各方面都息息相关。

抗击新冠肺炎疫情期间，苏莱曼仍坚守在自己的工作岗位上，负责公司防疫物资采购及管理

公司为我们的能力提升和发展也提供了很多培训，我两次参加了国际性培训班：第一次是到石河子大学参加行政管理培训班，第二次是到山东警察学院参加反恐培训班，收获很多。作为一名"老员工"，我始终没有停下学习的脚步，为公司的发展贡献一份自己的力量。

疫情期间，我承担起了公司防疫物资采购筹集、中方驻地生活及防疫物资调研采购、办公楼安全管理相关工作。

尽管因为疫情影响，很多物资都出现了短缺，但我没有被困难劝退，而是通过"多跑、多问、提前订"的方式，所需物资都想办法完成了采买，保障了疫情防控所需生活物资和医用物资及时有效补充。"员工生命高于一切"，这是我的收获，也是我工作中的准则。

一名工程师的"蜕变"之路

◎ 布鲁诺夫·乌克塔姆
中乌天然气管道合资公司

布鲁诺夫在工作岗位上熟练作业

　　作为一名 2014 年加入国际管道的老员工，这些年我最深切的感受便是：中油国际管道不仅为沿线区域的发展提供了巨大可能性，而且大大提升了许多专家的能力。每当公司对员工职业发展进行研究时，同事们总能感受到其中的关注与关怀，与此同时，这也直接影响他们实现目标的几率。所以，培训和发展对员工起到了很好的激励作用。

　　以我所在的中乌天然气管道合资公司（ATG）为例，所有活动领域均注重对员工的培养与发展，无论你是新手小白，还是职场"老司机"，都可以在项目中寻得一份成长。

　　入职时，我已经在压缩机领域中有了比较丰富的工作经验，当时信心满满。然而同年，在中国经过四个月的技能提升培训并成功通过所学课程的考试后，我才意识到，在国外提升知识水平与技能如此重要。经过刻苦学习，最终，我获得了中国石油大学（华东）的证书。

2015年至2019年期间，公司在中国组织了压缩机站游览活动，我们与中国压缩机站场的同事们进行了经验交流。得益于公司的安排，我完成了9门培训课程，分别为安全和环境保护、不同机器与设备的操作、消防安全、工业安全和医前急救等。

2019年，我被派往捷克索拉透平学习中心参加了"索拉透平压缩机组控制系统"培训，培训之后在我们压缩机站操作机组时，我对自己的知识和技能更加自信起来。在我们的工作现场，有诸如卡特彼勒、赛弗尔、索拉透平与沃尔沃等不同国际品牌的设备，所以公司经常会组织培训、训练与研讨班，以研究各种

布鲁诺夫在专家指导下进行仪表定期维修工作

压缩机的运行、保养与维修。外国设备与技术，外国专家与员工的帮助对同事们的发展起着重大作用，这同时也是学习和提高能力的机会。

此外，我们的专家还被派往意大利、荷兰、俄罗斯等国家进行学习，不断更新自己的知识体系。正因为有了这些培训，同事们在国际比赛中取得了优异的成绩，为公司夺得了荣誉。

如果说，技能与考试提升的是"硬实力"，与各式各样的人相处提升的沟通技能就是一项"软实力"。

由于与来自中国等其他国家更专业的工程师共事，公司的专家在天然气运输与设备运行领域获得了巨大的经验。在工作期间，我们共同解决生产任务，进行定期的维修工作，商讨并一起作出相应的决策。与诸如测量检测仪表专家、电工等不同方向专家共同工作，我们获得了相应的实操知识、了解了对方的国家文化，而这些对工作均起到了积极作用。

和中国同事一起工作，我不仅从一名普通的工程师成长为"大咖"，还通过交流经验与知识，与中方同事建立了深厚的兄弟情谊。

参与国际管道建设的幸福时光

◎ 哈布勒

中哈天然气管道合资公司

热爱工作的哈布勒

2010 年 6 月，我开始在中哈天然气管道合资公司 (AGP) 工作。

2011 年 3 月至 2013 年 1 月，我作为施工部工程师参与了中哈天然气管道项目 CS1/CS6/CS2/CS7 站的建设工作，2013 年 4 月开始参加 C 线项目的施工建设，2014 年 3 月开始参加 C 线 CS2 站施工征地，直到 CCS2 建完后的国家工作委员会验收。

在这期间，我主要参与了线路施工征地、业主现场代表等工作，利用自己多种语言优势，在中哈方之间建立起了良好的沟通渠道，共同参与解决了建设期

一截截管道从哈萨克斯坦的草原上运输经过

存在的诸多争端问题，并作为业主代表，认真负责施工质量，确保不出质量和安全问题。在施工部工作期间，我虽然经常出差在外，但是亲自参与这条国际管道的建设，感到无比的自豪。

2015年1月，我转岗到合资公司AGP体系办（ISOSector），开始了新的征程。为了更深了解和学习 IMS 管理体系，参加了公司组织的在北京、圣彼得堡和阿拉木图的各类 ISO 标准内审员培训，之后开始参与合资公司内审和外审，以及股东审核。同时，我还参与编制合资公司 IMS 管理文件、公司业务流程编制和梳理。这期间我熟练掌握公司管理中以 ISO9001 质量管理为基础，以 ISO14001 环境管理、OHSAS18001 劳动安全和职业健康管理、ISO50001 能源管理为核心的管理模式。

2018 年 3 月，我又转岗到合资公司 HSE 部，在这里更多的学习和掌握哈国 HSE 法律法规，参与 23 个哈国 HSE 法律法规翻译工作。参加 HSE 部组织的 HSE 法律法规培训，其中 2020 年 12 月参加的 NEBOSH 培训中收获最为多，更清晰和掌握公司风险管理，包括风险识别、分析、评估、缓解和监控等，以及公司 HSE 管理中风险管理的重要性及其意义。

丰富的岗位经验不仅对于我个人有极大的提升，也让我能融会贯通，更好地开展工作。

入职十年期间从干线施工到 IMS 体系管理，以及当前的 HSE 管理，使我经历了很多，也学会了很多。我深刻认识到所从事的工作的重要意义，这不仅是贯通中哈的天然气之路，更是连接中哈友好的成长之路。

新要求 新举措 新目标

◎ 扎热依玛 • 基恩巴耶娃
中哈天然气管道合资公司

认真工作、用心服务的扎热依玛

2013 年，从哈英科技大学获得学士学位和从哈德大学获得金融 / 经济学硕士学位之后，我开始了人生的下一个阶段——就业。

当时，我想在一家大型国际公司找到一份工作，在那里我可以运用我的所有知识、技能和能力，成为一名有用的员工，并为国家经济发展作出贡献。

当我知道中哈天然气管道公司（AGP）空缺一个经济师的岗位时，我立即把简历投到公司。通过笔试和与财务板块经理的面试后，我被预算部经济师职位录取了。那时我很幸福，这是我的第一份工作。

AGP 是哈萨克斯坦共和国和中华人民共和国之间

平等有效合作的成功典范，是旨在加强国际经济合作的"一带一路"项目的体现。我记得我的第一个工作日，是8月初，当时部门的工作十分紧张，最重要工作是指定明年的预算，并得到公司双方股东的批准。我没有时间适应，马上投入了工作中。

我们部门的任务在公司中非常重要，要负责高质量、及时地计划预算指标，正确执行预算纪律和有效的成本管理。困难并没有打倒我，相反地，我知道我在最有名的并最有前途的跨国公司之一，工作起来更有动力了。

在公司工作了7年，我个人和专业都发生了巨大的转变。现在想来，还是感谢我的工作所带来的动力、不断的发展、新的挑战。我被委托从事更复杂和更有责任的工作领域，我的同事和新来的员工向我寻求帮助和建议，我很高兴我能为他们提供帮助和支持。在我们公司，员工之间的经验交流非常受欢迎的，我们成为多专业的专家，了解和理解公司的价值观，并意识到每个部门都为公司的发展和繁荣做出了不可估量的贡献。多年来，我还参观了站场，了解了压气站、管道和生产过程。

我意识到，公司的成功很大程度上取决于其员工。公司对人员选择有很高的要求，分几个阶段面试录取，每年对所有员工的工作进行考核。

我们公司聘请在能源领域有多年经验的专业人士。我们的国际团队汇集了各种文化、思维方式和理念。由于这种协同作用，我们才能取得优秀成绩。

这些年来，我从未感到过一种例行公事的状态。

我们不断地开发，引进创新，实现业务流程自动化，变得比"昨天"更好。在我们这个世界瞬息万变的时代，我们需要努力满足最高的要求。

AGP 的管理层每年都会考虑员工提出的提高工作效率的建议。我与部门的同事一起，参与并制订此类建议，以改善我们的工作和其他结构部门的工作。

由于我们的开发成果，可以加快预算编制和业务计划制定的流程，提高经济计算的准确性，建立和统一参考 / 信息数据库。

2017 年，我所在部门以副经理为首，开发了基于 Microsoft Excel 的预算流程自动化模块，使用公式和宏命令。

我们一年来一直在开发和测试这个项目。开发了自下而上的数据收集算法，创建了预算表格、公司在业务过程中使用的所有货物、工程和服务的目录、成本中心目录，并引入了所有必要的参数，以实现高质量和正确的预算编制。

由于当时公司还没有实现预算指标自动规划系统，我们的开发成果非常有用，受到公司管理层和最终用户—预算项目管理员的高度赞赏。

后来，在引入 SAPERP、EAM、SAPBPC 自动化系统的过程中，系统开发人员将我们的开发投入工作中，这对他们帮助很大，大大加快了系统的实施过程。

2018 年，我们应邀作为发言人参加了由 CFO 俄罗斯公司主办的"预算流程自动化"年会。会上，我们讨论了预算编制中信息技术领域的趋势、使用 IT 解决方案编制预算的方法、自动化规划、预算编制和管

中哈天然气管道 CS4 站

理会计的实用建议，并介绍了我们的预算流程自动化模块，分享了我们在自动化方面的成功经验；而且还有机会向俄罗斯天然气工业石油公司、诺里尔斯克镍业公司、Atomenergomash 等公司的经验学习。

但我们也没有就此止步，在通过 Excel Query 的专业培训后，我们的模块进行了修改和改进，变得更快、更高效。

我想感谢我的直属上司——预算部经理和副经理，他们给我这样的机会、让我实现个人和专业发展，他们是我的导师和榜样，他们真诚地支持部门的所有员工。在 AGP，我感觉自己是全球化事业的一部分。我的公司在成长和发展，我也在成长。我知道还有许多新的有趣的任务和计划摆在我面前。对我来说，AGP 不仅仅是一个工作，而是一个与志同道合的人一起百分之百表现自己能力的机会。

我的第二个家

◎ 阿莱·库尔让诺娃

中哈原油管道有限责任公司

2008 年，我向中哈原油管道公司（KCP）递交了个人简历，经过选拔与面试，我非常幸运地成为公司的一员。

我与中国的缘分要感谢一个朋友，一个善良热情的中国女孩儿。她经常给我讲述中国的风俗文化。受她影响，我深深地爱上了中国，也深深爱上了中国文化。读大学时，我报考了哈萨克斯坦国立大学中文系，开始了我的汉语学习。

大学毕业后，我曾就职于两家中国石油公司。我了解到中哈原油管道公司作为中哈能源合作的新星，是一家大型合资企业。我非常向往在这样大型的公司工作，因为这不仅可以拓宽视野，还能使我的专业知识水平得到更好的提升。

在这样大型的合资公司工作，需要具备比较好的语言能力、协调能力和专业知识。刚进入公司时，我感到很无助。但是，公司的同事们热心友善，给予我很多指导和帮助，很快我就适应了工作，并且出色地完成了各项工作任务。

我在公司里结交了很多新的朋友，他们有的来自哈萨克斯坦，有的来自中国。这是一个团结友好的大家庭。通过相互学习，我的日常汉语和商务汉语水平都有了长足的进步。

我现在在中哈原油管道公司人力资源部负责员工

中哈原油管道组织应急演练

培训管理。员工培训是一项非常重要的工作，员工专业水平的提高直接关系到整个公司的发展。我非常自豪，能够在普通的岗位上做着并不平凡的工作。

　　这些年来，我多次被派遣到管道现场工作，亲眼目睹了管道建设过程，哈萨克斯坦和中国的专家们在一起共同就管道建设工作深入交流、通力合作。工作之余他们相互讲述自己国家的历史、文化和习俗。可以说，我见证了中哈原油管道的成长与发展。这条管道是中哈能源合作的桥梁，是中哈两国友谊的硕果。

现在，我已经成为中哈原油管道发展历史中的一部分。在这里我学会了乐观面对一切，敢于接受挑战，不断提升自我。我在这里成长，也在这里成熟，我知道中国石油有铁人王进喜，也会在今后的工作中发挥石油精神，把每一次新的工作任务，都当作是对我的挑战，不断战胜自己。

相信在我们共同努力下，中哈原油管道公司会有更加灿烂的明天！我热爱我的事业，我也热爱我的第二个家——中哈原油管道公司！

TTGP 改变了我的命运

◎ 伊莫·纳斯鲁拉耶夫
中塔天然气管道有限公司

转眼间，我在中国生活快两年了，这是我以前从不敢想象的。高中毕业时，我对于大学和专业并没有清晰的认识，计划高中毕业后考莫斯科大学杜尚别分校，这是塔国优秀人才梦寐以求的高校，进入这所学校不仅可以接受良好的教育，还可以到俄罗斯留学。突然有一天，爸爸告诉我，由于高考成绩出众，我被一个中塔合资公司邀请参加一个面试。这便是中塔天然气管道有限公司，也就是 TTGP。

在面试中，我了解到，中国和塔吉克斯坦成立合资公司，建设和运营天然气管道项目，该项目在建设期内计划为塔吉克斯坦培养一百名专业人才，于是

中塔天然气管道有限公司伊莫·纳斯鲁拉耶夫获演讲比赛汉语组二等奖

TTGP 与我国教育部合作，制定了百人计划，每年选送 30 名优秀高中毕业生前往中国著名大学学习，而我就有幸受邀参与了第一批毕业生遴选的面试。

对我来说，这是一个艰难的选择。我在莫大杜尚别分校有很多熟人，留学去俄罗斯语言也没有任何障碍。但是如果去中国留学，从语言到生活，一切都要从头开始。爸爸安慰我说："这是一个非常难得的机会，你一定要抓住，去中国挑战大，收获也会更多。行行出状元，每一条路走下去都能成功。"于是我毅然选择了与 TTGP 公司签约，成为公司的一员，前往中国学习。这也为我日后深处两难抉择的情境下提供了经验，那就是，如果两条路不知如何选择，那就选择更困难的那一条路吧，既是挑战，也是机遇。

2017 年 10 月，我来到中国学习。第一次出国，心里忐忑不安，担心自己习惯不了这里的生活，更害

塔吉克斯坦风光

怕学不好汉语和专业课，让公司和家人失望。老师们安慰我"既来之，则安之"，鼓励我"努力努力再努力"，经过一年的汉语学习，我不但高分通过 HSK4 级考试，更爱上了中国这片土地。第二年我开始学专业课——自动化。果然，学习自己热爱的专业是最快乐的，过程也是非常难忘的。我是留学生班的班长，每个月向公司定期汇报我们的学习情况，这项工作让我积累不少管理经验，也让我懂得团队工作的效率。此外，我还积极参加学校组织的各项活动，比如运动会、元旦晚会等等，既提高了汉语水平，又丰富了业余生活。来到中国两年后，回望留学生活，我想，如果当初我没有选择来中国留学，那得多遗憾啊。

中国有句谚语"人外有人，天外有天"，我始终牢记这句话，学习上一直未敢懈怠。2019年暑假，公司选拔了4名优秀留学生到北京总部实习一个月，我很荣幸成为其中一员，内心无比激动。

实习期间，我在公司生产运行部、工程管理部、法律合同部、股东事务部等业务部门实习，又专程赶赴廊坊参加投运公司现场实习。一个月的实习生活，不但让我了解了北京，积累了不少工作经验，同时也交到了很多新朋友，认识了很多新老师。尤其是和我一起工作的各位前辈，我从他们身上学会了干好"四件事"——工作、学习、团队、健康，守住"三条线"——法律线、制度线、道德线。实习的经历让我清楚认识到，我所学的专业究竟能发挥怎样的作用，我也因此更热爱自己的专业，回到学校后更加认真地学习。

我所说的一切，都是公司给我的。我想，如果没有当初的选择，我现在也许会在某个大学学着某个专业，但一定是截然不同的命运。最后，我向西安石油大学，向TTGP公司，向中油国际管道公司表达诚挚的感谢，谢谢你们选择了我们，给我们提供了这么难得的学习平台，我们一定珍惜这个机会，努力拼搏。也向北京的各位老师表达真挚的感谢，读万卷书，行万里路，谢谢你们让我们有机会参观实践，丰富我们的学识。

期待毕业后正式和大家成为同事的那一天。

翻译团队中的"外籍军团"

◎ 程博
中哈天然气管道合资公司

2017 年，对中国石油在哈萨克斯坦各个油气合作项目的每一名员工来说，都是具有纪念意义的一年。正是在二十年前，中国石油开启了中哈两国油气合作的序幕。而对于中哈天然气管道项目员工来说，这一年还是中哈天然气管道项目启动十周年。在中华上下五千年历史的长河中，十年、二十年不过是弹指一挥间，但对一个人来说，十年可谓是人生成长的一个重要阶段，二十年则更是用来丈量一代人的标尺。

二十年即是一代人，中哈油气合作二十周年，意味着中哈油气合作已经逐步进入了第二代中哈石油人接棒的阶段。我们的油气合作事业能够从二十年前的零起点，到今天的蓬勃发展，很重要的一个因素就是重视人才的培养。正是中哈双方共同持续不断为合作团队注入优秀年青一代的"新鲜血液"，并对他们进行引导和培养，才使得老一辈的中哈油气友好合作精神得以传承和发扬，也为中哈油气合作事业的蓬勃发展和壮大奠定了坚实的感情基础。

2008 年 11 月，中哈天然气管道项目开工不久，我有幸加入了这一伟大的项目，至今已将近十年。期间我伴随着项目一同成长，也目睹并亲身经历了项目发展这十年以来团队的变迁，更是见证了培养优秀青年人才对维护和发展中哈油气合作的重要性。这十年来，我在中哈天然气管道合资公司（以下简称 AGP）层面负责一些翻译和翻译管理工作，工作期间接触了几名哈国翻译人员，并目睹和参与了他们这一阶段的成长历程。在此，分享他们在中哈天然气管道合资公司工作和成长的小故事，以及从中感受到的培养优秀哈国青年人才对筑牢中哈友谊合作桥梁的重要性。

中哈天然气管道 CS1 站

"70后"萨乌列的故事

2008年我刚加入中哈天然气管道项目，在文控翻译部从事翻译工作。当时项目刚启动，在哈国当地还招聘不到大量高水平的翻译人才，因此整个翻译团队还是以中方翻译人员占大多数，仅有两名哈国本地译员，萨乌列就是其中之一。她是一名70后，比我略年长几岁。

萨乌列20世纪90年代留学乌兹别克斯坦塔什干学的中文，那会儿哈国到中国留学的机会远不像现在这么多，所以萨乌列也一直没有机会来中国学习中文，这导致她说中文带着比较重的外国口音，听起来有些"阴阳怪气"。但她的勤劳、认真、敬业和责任感完全弥补了语言上的不足。在项目建设最艰苦的2009年，经常周末和深夜有紧急书面翻译任务，无论多晚她都任劳任怨地完成任务。为此，她有时不得不牺牲陪伴和照顾孩子的时间。她当年在工作中接触最多的人是中方业务部门经理，这位经理讲话带着浓重的中国山东省的口音，有时候其他中方人员都很难听懂他所讲的话，但萨乌列硬是凭着刻苦学习的韧劲，最后达到完全能听懂山东话的地步。就这样便出现了很有意思的画风：有时开会时这位中方部门经理讲的一些话，萨乌列不仅要翻译成俄文给哈方听，还要用她那带着外国口音的普通话解释给中方同事听，毕竟她的外国口音比部门经理的山东口音还稍微好懂一些。

萨乌列作为部门的老大姐，不仅本身承担了大量的翻译工作任务，还会帮助部门中哈双方新员工成长进步，向他们传授经验，指导他们快速提高翻译水平，很好地发挥了"传帮带"作用。

"80 后"斯维塔的故事

斯维塔是一名"80后"，虽然在 2012 年就进入了公司，但工作不久她就休了三年产假，等到再回来时已经是 2016 年了。她和萨乌列一样，没有去过中国留学，她是在哈萨克斯坦本土学的中文。因此，她缺乏对中国国情和文化的了解。而连休三年产假，也让她的中文水平有了一些退步。这样，她在 2016 年初复工时，承担中文翻译有些吃力。但当时正好面临部门缺人，只好赶鸭子上架让她参加各种翻译场合承担翻译任务。一些项目中方同事向部门反映，对她的中文翻译水平有很大诟病，例如她犯了把"保安"翻译成了"安保人"等这些低级错误。斯维塔本人也因为大家的批评指责感到很沮丧，甚至曾伤心落泪。

但部门同事们都能看出她有很强烈的愿望学好中文，就开始发动部门力量想尽一切办法帮助她，包括利用午餐时间留下来陪她练中文，帮她校对译文，为她答疑解惑等。她自己也深深领悟到了"勤能补拙"这句中国古话的寓意，每天刻苦学习，不断追求进步。果然是天道酬勤，就这样过了三个月，她的中文水平有了突飞猛进的提升，完全胜任一般日常会议的翻译任务了，之前曾经对她中文不满意的同事都纷纷竖起大拇指夸赞她。

更为重要的是，她的责任感和敬业精神也为她赢得了大家的尊重。她翻译过程中求真务实，不懂就是不懂，从不敷衍了事。由于她工作态度认真，与中哈

中哈天然气管道 CS7 站全景

方同事也能够和谐相处，除了做翻译之外，还兼职担任了公司管委会秘书，承担了大量这方面的工作。由于工作表现突出，不到一年的时间内，她先是从中级翻译晋升为高级翻译，后又获得了哈方股东公司哈萨克斯坦天然气运输公司（KTG）颁发的"纪念哈萨克斯坦独立 25 周年优秀员工"荣誉表彰，迅速实现了从"菜鸟"到"大拿"的华丽转变。

"85 后"李莹和阿里的故事

时间进入到 2013 年，随着项目建设时间的推移，加上哈国劳务政策收紧，以及支援新项目等原因，中方翻译人员大部分调离或转岗，出现了翻译人员紧缺

管通未来 能源丝路上的故事

的局面。这时，在项目领导的支持下，我们开始考虑实施人才属地化策略，放手挖掘哈国当地翻译人才，充实项目翻译团队。这在当时可谓是一次很大胆的尝试。经过这几年的工作经验，我们认为通过前期精挑细选加上后期正确培养，是可以打造出一支哈国本地优秀翻译团队的。但大家也深知，在哈国学中文的人很多，会两句中文的人也很多，但是真正把中文学好的人就十分罕见了。因此，当时我们想尽一切办法进行选拔，包括让人力资源部发布招聘信息、其他单位推荐等。后来，在一共筛选了200多份简历、前后历时三个月、面试了不下百人后，仍没有找到特别合适的翻译人选。正在这时，阿里和李莹出现了。他俩的

出现可谓有些机缘巧合。

　　阿里曾在浙江大学留学，研究生毕业后曾在中国石油管道局工作过，然后应聘到了 AGP 运行部，担任中级主管，当时的主要任务是跑合同签字。一次他来到我办公室签一份合同，我问了一些合同中的问题，用中文与他攀谈了几句，突然发现，这小伙儿讲中文字正腔圆，发音标准，全无方言口音。开始我还以为是新疆上汉校的中国哈萨克族同胞呢，我不由担心他的俄语可能不过关。谁知一问才知道，他是土生土长的哈国人，俄语、汉语都不成问题，这不正是我们要找的优秀翻译人选吗？我们立刻对他的中俄文翻译水平进行全方位测试，发现他基础非常好，只是专业词汇方面差些，而这方面是可以通过花时间培养提高的。于是，我便成功动员（也可以说是"忽悠"）他转岗到我们部门做高级翻译。

　　李莹是哈国东干族人，本名叫拉西玛，学了中文后自己取了个汉语名字叫李莹。她的情况也有些类似。不同的是她当时在中国设计院承包商阿拉木图分公司工作。她长着一副酷似中国人的面孔，我当时在办公室看到她，把她当作中方兄弟单位的中国籍员工，就用汉语和她打招呼问候。一来二去聊了几句，除了感觉她说汉语稍微有一点点慢之外，完全没有发现她是个哈国人。后来不知怎么说起别的话题了，她才说："我不是中国人，我是哈国人。"这让我大吃一惊。后来听一些和她有过工作交集的其他中方同事讲起来，我才发现我的吃惊并不是个例。她曾经在管道局和华为都工作过，初始都被当成了中国人。而实际上，她从上大学期间才开始学习中文的。而当时刚好她们那边项目快结束了，正在考虑换工作，就顺理成章加入了 AGP 翻译团队。

两位年轻新人的加入，果然没有让大家失望。由于获得了更好的职业发展机会，他们也十分珍惜，主动刻苦努力学习专业知识，再加上语言功底好，在很短的时间内就胜任了合资公司高级别的会议翻译任务，成为近几年来合资公司翻译团队的骨干。他们也填补了由于中方翻译人员全部调离这两年期间的空缺，满足了项目工作需求。例如，2015 年底，国务委员郭声琨访问阿拉木图期间，阿拉木图市政府和内务部专门向 AGP 申请抽调二人去陪同接待和翻译，他们圆满完成了这次任务，为公司也为整个翻译团队赢得了声誉。

"90 后"美丽和萨其的故事

美丽和萨其是 90 后，分别于 2016 年初和当年秋天入职 AGP，在文控翻译部担任高级翻译和中级翻译。

美丽的哈文原名叫 Mereili，根据汉语谐音她给自己取了个女孩都喜欢的中文名字"美丽"。她的入职经历有些坎坷。2013 年我们初次招聘时，美丽也参加了笔试和面试，成绩也很不错。但很"不幸"的是，她碰到了更强的对手——李莹和阿里，所以遗憾落选。但她的翻译水平给部门留下了深刻印象，因此把她的简历放在了人员储备夹中。

2016 年初，合资公司紧急需要招聘新的高级会议翻译，以满足公司工作需求。再次翻阅了上百份简历，并面试了几十名推荐和应聘人员后，始终没有挖掘到合适人选，这时我想起了文件夹中的储备简历，找到尘封了三年的美丽。当我们联络她时，她已经在阿斯塔纳工作了，但是听说 AGP 有中文翻译的工作机会，作为浙江大学中文系硕士研究生毕业的她，还是立刻心动了，在最短的时间内飞过来面试了。功夫不负有心人，她的基础水平较高，又经过了这三年的历练和提高，顺利在众多应聘者中脱颖而出，三年的等待终于迎来了加入这个团队的机会。她也不负众望，通过个人努力，加上部门培养，来了不到半年，就能够完美胜任首席高级翻译岗位。美丽有着传统哈萨克族女孩的贤惠善良，做工作既耐心又细心，深受大家喜爱。

萨其是一名东干族小伙，原本在一家中资钻井队担任翻译，后来我们了解到他中文水平不错，在他换工作之际就动员他过来参加应聘，他以较好的成绩通过面试加入了 AGP 翻译团队。经过半年多的工作经验积累，目前也已经胜任了翻译工作。他们成为这个团队的新鲜血液。萨其作为翻译团队中最年轻的成员，兴趣广泛，还能紧跟中国当代社会时尚。例如，微信中的功能他比一些中国同事用得都好。而在前不久举办的 AGP 合资公司运动会上，他竟然技压群雄，拿到了一般都是中国人包揽的公司乒乓球男单比赛冠军。

中哈天然气管道项目以及众多其他的中哈油气合作项目，为哈国学习中文的优秀翻译人员提供了大有作为的用武之地。而翻译人员是不同民族交流的使者和桥梁，一个充满情感的翻译人员，在传达意思的同时，更加能够起到情感交流的作用，会让对方产生天然的亲切感，因而更加有利于创造友好和谐的合作氛

日出中的中哈天然气管道站场

风雪中的守护者·中哈天然气管道站场

围。例如，2017 年春节之际，位于乌兹别克斯坦和哈萨克斯坦边境哈国侧，荒无人烟的 KUMS 计量站临时缺翻译，我们派萨其临时去担任翻译两周。他在完成翻译任务的同时，更是起到了感情陪护的作用。原来 KUMS 计量站位于边境，大漠之中杳无人烟，站上只有一名中方员工坚守过春节，其余还有十几名不懂中文的哈方当地员工。在中方员工没有祖国亲人陪伴的情况下，萨其作为一名懂得中文和中国文化的"使者"，陪伴站上唯一一名中国员工度过了一个温暖的春节。

2017 年是中亚天然气管道项目启动十周年，也是中哈油气合作二十周年。中哈天然气管道作为中国石油重要的油气管道合作海外项目，员工流通也是很常见的事情。而我们这个翻译团队中，有的去中国留学深造，为了将来更好地为中哈友谊做贡献；有的获得了更好的职业发展平台，在新的岗位上继续为中哈做贡献；有的则扎根在 AGP，多年如一日地为中哈管道合作做贡献。

从 2007 年的元老级员工萨乌列，到 2017 年的新鲜力量萨其，这个团队也经历了 10 年的跨度。而从 70 后的萨乌列到今天 90 后的萨其，我们团队的年龄跨度也是 20 年。他们的故事虽然很平凡，但正是这些在平凡岗位上工作的每一名员工，构成了中哈油气合作的团队，共同谱写了中哈油气合作的历史。他们用自己人生的十年、二十年的奉献，成就了中哈天然气建设合作十周年，成就了中哈油气合作二十周年。我们有理由相信，只要我们坚持合作共赢的理念，精诚合作，一定能在未来将中哈油气合作成果传承和发扬光大，取得更大的成绩，将中哈油气和管道合作打造成"一带一路"倡议框架下的合作典范。

"一带一路"铺就的中国情缘

◎ 苏莱曼·米尔佐耶夫
中塔天然气管道有限公司

我给自己取了个中文名字叫依蒙，从这事就能看出我是个中国迷。而我与中国的情缘始于"一带一路"。

我的祖国塔吉克斯坦，是一个独立仅二十几年的年轻国家，经济发展水平还不高。作为一个 90 后，我非常渴望用自己的所学为国家的发展贡献力量。随着"一带一路"建设的推进，中塔两国之间的交流与合作让我看到了发展的契机。2015 年，作为交换生，我来到新疆师范大学进行为期一年的学习，一年的时间让我深深爱上了中国。

2019 年本科毕业后，我想要继续学业，更期望能够再次来到中国。当时中塔天然气管道有限公司 TTGP 正在招募赴华学习的留学生，我最终幸运入选，如愿再次来到了中国，成为中国人民大学的一名硕士研究生。

作为留学生，一名中国社会的旁观者，我惊讶于中国的快速发展。在新疆时，我看到了中国与其他国家共同创设的自由贸易区；在新疆最大的城市乌鲁木

依蒙入选中塔天然气
管道有限公司赴华留
学生项目，在中国人
民大学攻读硕士学位

齐，那里汇集了来自世界各地各种高科技产品，活跃
的经济和开放的氛围完全不像一个内陆城市。而在北
京，我则看到了一个更繁荣、更包容的国际化大都市，
这里有更完善的基础设施、美丽而古老的城市建筑、
应接不暇的智能服务，当然，还有更便利的生活。

在中国的三年半时间，我从一个爱玩爱闹的孩子，
逐渐成熟长大。如今，25 岁的我已经开始更多地思考
自己身上的责任。作为一个塔吉克人，我真切希望塔
吉克斯坦能够更加富强，能够建设得越来越好，就像
我亲眼见到的快速发展的中国一样。

中国的"一带一路"倡议是连接中国和塔吉克斯
坦两国的桥梁，"一带一路"为塔吉克斯坦的发展带
来了巨大的机遇，我即将为之效力的中塔天然气管道
有限公司就是实现"一带一路"伟大构想的建设者。"一

2021 年 9 月，依蒙参加塔吉克斯坦驻华大使馆在北京举办的庆祝塔吉克斯坦共和国独立 30 周年活动

带一路"能够加速塔吉克斯坦的基础设施建设，实现中塔两国"互联互通"，将我们两个国家更加紧密地联系在一起，一起携手融入世界，推动我们两国经济的共同繁荣和发展。

在我这次来中国之前，已经有越来越多的中国企业和中国人到塔吉克斯坦工作，他们吃苦耐劳的敬业精神给我留下了深刻的印象。来到中国以后，我更加亲身体会到了中国人的勤劳和智慧，还有那种不服输的进取精神。疫情期间，我在北京亲身经历了中国抗疫防疫的全过程，亲眼看到了中国在巨大困难面前做出的艰苦卓绝的努力。在全球新冠疫情大爆发的困难时期，中国"一枝独秀"，有效控制住了疫情，保障了人民的生命安全，经济快速复苏，中国社会这种蓬勃向上的活力和精神面貌，让我作为一个外国留学生为中国感到深深的骄傲。

现在，有越来越多像我一样的塔国留学生在中国不同的城市学习知识和技能，中国为我们塔国青年在接受高等教育方面提供了更广阔的空间和更多样的选择，感谢中国。我非常有幸见证并真正参与到了中塔两国的合作之中。

即将毕业的我，也将带着我从中国学到的知识和中国人民对我的善意，回到我的祖国塔吉克斯坦，建设中亚天然气管道，参与到中塔两国合作事业中，并身体力行地为中塔友谊的发展贡献自己的青春和力量，同时也衷心希望"一带一路"倡议能够稳定深入地继续推进，促进多边互利共赢，造福中塔两国人民。

塔吉克斯坦风光

扎根边疆 绽放青春

◎ 仇孟凡

中油国际管道（新疆）有限公司

我是一个土生土长的 95 后新疆女孩，2019 年 6 月从新疆石河子大学外国语学院毕业后，入职新疆公司霍尔果斯公司计划财务部，成为一名名副其实的中油国际管道人，很高兴和大家分享我的故事。

"霍尔果斯"，词源释意为"上好的牧场"，想到这里，在座的各位是否眼前会呈现出一幅风吹草低见牛羊、蓝天白云碧波荡的秀美画面？没错，三年前，没去过霍尔果斯的我也是这么想的，可美好的向往在到达霍尔果斯下车的那一刻被现实打破。

"只有荒凉的沙漠，没有荒凉的人生。"2019 年 6 月，我一路向西来到霍尔果斯，这路上沿途的标语很好地诠释了霍尔果斯的现状。这对于一直在城市长大、习惯了现代化吃穿住行的我来说，意味着马上要开启一段全新的人生体验。内心彷徨的同时，是成为一名中油国际管道人的满心期许和自豪感让我自己给自己打气，既来之则安之，要把火热的青春奉献给国家和能源行业最需要的地方。

刚到霍尔果斯的日子是可以预料到的枯燥和乏味，相比于大城市的繁华喧闹和车水马龙，与我相伴的只有每天"公司-宿舍，宿舍-公司"两点一线的重复生活，到最近的小镇也要 7 公里，我有时甚至一个月都不会走出公司大门。这都不是最可怕的，最让人难忘的是失眠的夜里，对家的无尽思念和给父母编辑完又删除的信息。日子长了，我渐渐没有了对工作的新鲜感，话也变少了，平时总是以没食欲为借口，不去食堂吃饭，体重下来了，身体也虚弱了，就在豪言壮志即将被生活的琐碎磨平时，一件小事将我拉回到工作起点所许下的初心使命。

　　那是一个平凡的早晨，我还在睡梦中，突然听到嘈杂的脚步声，看到窗外一群身着蓝色工服的计量站同事们，他们有的一路小跑，有的骑着车，无一例外都用最快的速度赶往站场工艺区。我来到办公室才了

新疆霍尔果斯计量站的管道工人正在检查设备

解到，原来早上伊犁地区发生了地震。虽然我没察觉到震感，但同事们一大早自发地奔忙起来，就是为了尽快赶到生产现场、线路和主控室等关键点位进行检查，确保设备万无一失和管道安全平稳运行。这件虽然是发生在一个普通工作日的小事儿，却给我的内心带来了极大触动。突然间我明白了即使是最平凡的工作中，也肩负着无比重要的意义，对那群坚信"生产安全责任大于天"的同事们，"安全无小事"这句话，绝不是喊喊口号而已。在他们眼中，任何微小的不稳定因素都不能被忽视。

这群人中，有年过半百的老师傅，有三十出头的工程师和技术员，也有像我一样，入职和工作时间不久的年轻人。作为扎根基层的中油国际管道人，大家每天的工作都是重复、重复再重复的值守站控室、巡检场站和线路，还有默默无闻的办公室伏案工作……但就是在每一天平凡的工作中，他们将青春热血和光荣梦想转化作日复一日的坚守，扎根大西北，将涓滴之力汇聚成守护"一带一路"管线到达边境第一站的磅礴伟力。经过那一天，我好像突然明白了这个道理，我是霍尔果斯公司的一员，我是中国石油、中油国际管道的一员，我更是为国家和能源行业奉献的一员。我在这里有小伙伴，也有带我学习、带我进步的师傅们。光阴似箭，岁月如梭，与霍尔果斯相守相伴度过了三个春秋，我想我终于找到了心灵的归宿。现在的我，工作忙碌而井然有序，生活枯燥但不失乐趣。在这里，我会有成就感，我也会有幸福感，脸上的笑容，就是我最好的名片。我和一群热爱生活、爱岗敬业的可爱

新疆霍尔果斯计量站工作现场

同事们为了同一个目标而努力奋斗，见证着能源工作的一份平凡，守望着西北方向的一方蓝天。

总有奉献的光，点亮前行的道路；总有可爱的人，丰盈时代的气度。正如习近平主席所说，"世上没有从天而降的英雄，只有挺身而出的凡人"。任何平凡人的背后，都是一段甘于奉献的人生，奉献也正因执着而精彩。我们的平凡坚守，换来4536天的安全记录，我们的执着奉献换来4000亿方天然气的业绩。如今的霍尔果斯成为"一带一路"的重要窗口，越来越多的年轻人选择背起行囊，远离家乡，在这里绽放青春的光芒，用汗水浇灌，换来祥和与安康。我甘愿做一枚永不生锈的螺丝钉，迎着阳光，守护边疆。

我的汉语梦 我的石油心

◎ 拉杰斯·阿卜杜加尼耶夫

中乌天然气管道合资公司

　　小学时，我家邻居是一位在石油公司工作的叔叔，我觉得他的石油工装和大皮鞋是最帅的打扮；中学时，我家楼上来了一个会说汉语的漂亮姑娘，她对我说了一句：你好吗？打开了我中文学习的大门；高中毕业后，我带着成为石油工程师的梦想，带着对中国和中文的热爱，终于来到了中国，来到了中国石油大学学习油气储运知识。

　　第一次身在异国他乡，第一次独自生活，语言不通，习惯不同，很多第一次都需要我去面对。幸运的是，我有很多中国朋友，特别是老孔，他帮我学习汉语和专业课，带我参加社会活动，让我认识了更多中国朋友。点点滴滴，让我体会到了友谊的珍贵，温暖了我的大学生活。在这里，我学会了用筷子，吃到了很多中国美食，现在我已经能给家人熟练地做中国菜吃了，我把这份温暖成功带回了乌国。

　　2012 年，我在石油大学遇到了中乌天然气管道有限公司 ATG 培训班学员。进入 ATG 工作，参加中乌

中乌天然气管道中外方员工在检查设备

天然气管道项目便成为我人生中的重大目标。大学四年，我努力学习，刻苦钻研。2017 年大学毕业后，我成功加入了 ATG，我的梦想真的实现了！

我工作的 UKMS 站和 UCS3 站工作位于乌国和哈国的边境地带。作为刚开始工作的"菜鸟"，我对控制系统和管道都不熟悉。中方工程师常普主动帮我学习，我也亲切地叫他"常哥"。他拍拍我的肩膀，跟我说："万事开头难，没事慢慢来，我们都帮你！"之后遇到问题只要常哥拍拍我，我就会觉得踏实很多。设备知识、操作方法、故障处理和经验技巧，常哥都毫无保留地教我；从他身上我还学到了虚心学习、积极向上、乐于助人和敬业奉献。

在工作生活中，我看到中国工程师身在异国他乡为理想奋斗的同时，也会想念亲人和家乡。投之以桃，报之以李。我经常邀请中方同事尝一尝我做的中国菜，邀请大家一起踢足球、打排球，大家就像一家人一样。印象最深的是，2018年2月16日，中国农历春节，我收到了UKMS站长张立双的邀请，和中方同事一起度过了一个别样的春节。那天晚上的饭菜特别美味，大家围坐在一起看春晚、吃年夜饭，在欢声笑语中品尝"舌尖上的中国"，在快乐的氛围中增进中乌友谊。这种家的感觉，让我感到无比温暖。

2019年6月16日是我结婚的大喜之日。我邀请中国同事们来塔什干参加婚礼，但是他们需要坚守岗位，无法来到婚礼现场。虽然我很希望他们参加我的婚礼，但我也佩服他们对事业负责的态度。在我即将休假回家结婚时，一天晚上，张立双站长来到我房间，

送上了祝福的话语，还代表中方同事送给我一份新婚礼物，我又高兴又感动。我想，这就是中国人的情谊，这就是我们 ATG 的"合金文化"。

很荣幸能够加入 ATG 的大家庭，在"一带一路"的建设中贡献自己微薄的力量。中乌天然气管道不仅仅是一项工程，更是两国人民友谊的桥梁。每当向家人、朋友讲述我和中国的故事时，我的这颗中国石油心都会涌出一阵暖流。祝愿我们友谊长存，祝愿公司早日实现建成世界一流水平国际化管道公司的伟大目标！

孔子说过："有朋自远方来，不亦乐乎。"热情好客的乌兹别克人民欢迎大家来做客！

2016 年 12 月 11 日，乌国环境保护日，中乌管道站场员工清除管道沿线垃圾

打通"一带一路"建设金融血脉

◎ 陈思齐

哈国南线天然气管道合资公司

2011 年，中国和哈萨克斯坦政府决定联合建设哈国南线天然气管道项目。十余年来，哈南线项目不仅借着"一带一路"发展的东风，成功建成哈国向中国出口天然气的大动脉，更成为哈萨克斯坦的标志性民生工程。

作为财务经理，我和哈方同事共同经历了初期融资的困难、经济危机的考验、外汇管理的突变和融资协议的束缚。作为专业的财务人员，越是面对困境，越要坚定信念，与哈方同事一道，我们用专业知识和

哈国南线天然气管道站场

中哈员工相互配合，共同促进哈国南线项目发展壮大

专业能力在困局中寻求突破，在危机中把握契机。

　　2015年8月，在哈南线项目建设如火如荼的时候，突发的国际油价下跌和卢布贬值，使哈萨克坚戈发生严重贬值。一夜之间，货币兑换牌价从1：185跳到了1：300。承包商不断发函提出弥补损失的要求，项目建设进度一度停滞不前，就连银行也停止了放款，项目面临停工困境。为了满足银行苛刻的放款要求，作为部门负责人，我和哈方同事不分昼夜，整理公司建设进度、承包商月报等文件，审慎详实地梳理建设细节，

哈南线上的花儿与彩虹

只为向银行委派的德国技术顾问提供合格的审查资料。在几个月时间里，我组织技术部、施工部、管道局、承包商等单位一次次完善资料，通过英语、俄语、中文不停切换，与顾问沟通解释，最终获得银行对项目的支持，重新修订并签署了融资协议，解决了项目资金来源的关键性一步。

刚解决一个"绊脚石"，又遇到一个"拦路虎"。2016 年 4 月，就在放款前一周，银行突然通知，由于出台新规，提款申请中 90% 的境内美元部分暂时未获批准，银行无法按时放款。当时我们没有任何退路，如果 5 月无法提款，合资公司将面临现金流断裂、建设合同违约等一系列重大不利后果。按部就班还是另辟蹊径？我顶住巨大压力，积极建议先把获批的款项汇到合资公司，剩余款项等获批后再放款。但是这个做法此前没有先例。面对各方顾虑，我一方面积极和银行争取，另一方面多方确认贷款利息收取条件。最终各方同意了这个方案，合资公司分两笔收到了全部提款，确保了项目如期实施。

2017 年，随着天然气量增加，哈南线经营效益有了较快的增长。哈南线项目宛如一个茁壮成长的青年，为了项目未来的生产发展，融资需要重新进行设计和安排。我们经过长期细致的调研，制定了合资公司融资置换方案，寻找两家国际性银行进行组合，形成 50：50 的结构。为了在短时间内完成谈判，作为部门负责人，我团结中哈同事，将大家拧成一股绳，开启了连续加班的工作模式，这时候不管是中方员工还是哈方员工，大家都是勇于担当的"管道人"。我们充分利用地处中亚的时差优势，上午 9 点开始与中国国内银行进行谈判，下午 1 点钟和法律顾问准备下一场谈判前预备会，2 点钟接着与伦敦电话会谈到 6 点，晚上审核完文件常常已经是午夜 12 点。有一次工作到很晚，哈方同事还贴心地送来慰问食品，让我们感受到了团队的温暖。2019 年 10 月，经过艰苦卓绝的数十轮谈判，合资公司成功完成融资置换，财务费用大幅度降低，为项目分红和未来发展创造了有利条件。

工作十年，我亲历了哈南线项目从建设到投产，再到逐步成为"一带一路"上的一颗璀璨的明珠、携手世界合作共赢的典范。这十年中，我也与哈方同事结下了深厚的友谊、共同收获了成长，在身经百战中，我们的团队越来越专业化、国际化，成为推动中哈油气合作事业一支坚强的财经力量。放眼未来，我愿以青春之我、奋斗之我，在天山外耕耘，在丝路上探索，怀着激情和理想，用奋斗和奉献筑梦丝路，圆梦丝路。

奔跑在"一带一路"运销协调的青春赛道上

◎ 郭申屿
中油国际管道公司

　　九条油气管道，如钢铁巨龙一般在"一带一路"上穿行，运销协调是这里的日常。三年前，怀揣青春的憧憬与梦想，带着初出校园的懵懂，我来到了中油国际管道。刚一入职的我便因具备专业俄语翻译的经历而有幸加入"土－乌－哈－中四国天然气协调会议"秘书处，从事运销协调工作。

　　四国协调会每年举办两次，来自土库曼斯坦、乌兹别克斯坦、哈萨克斯坦和中国相关单位的代表们共聚一堂，在这里集结四国油气精英们的智慧，共同商定出一篇篇保障各方权益的供输气计划。迄今为止，沿线各国已经通过会议达成共识400多项。初担大任，我踌躇满志，期望能通过这份工作为国家能源事业、为公司贡献自己的一份力量。

　　2020年初，受到国际局势和世纪疫情叠加交织的影响，各项工作的推动都变得异常艰难，召开在即的第二十二次四国协调会议由原定于在乌国举行临时改为以视频会议的形式召开。在收到通知的那一刻，我

"土—乌—哈—中四国天然气协调会议"线下分会场

知道，自己即将面对的是一场全方位的考验。

首先，视频会议这一形式就对会前沟通和协调提出了更高的要求。参会人员无法坐在一起面对面交流，会前的准备至关重要。为了留出充足的时间进行沟通和协调，我比往届都更早开始准备会议相关材料，督促各方尽快反馈需要通过会议解决的问题。此次共有四个国家的 16 个公司参会，且诉求各不相同，我抓紧一切时间将这些问题进行整理汇总，并立即开展协调工作。虽然靠前期的努力挤出了一些时间，但在协调过程中，我又遇到了各种阻碍。在一次沟通时，虽然讨论得十分激烈，但是双方完全不在同一维度，导致协调没有取得实质性的进展。发现这个问题后，我购买了关于中亚国情文化的书籍，迅速加深了对中亚国家的了解。在交流时，我尽力用融合的价值观、文化背景来思考和认识问题，在尊重对方的基础上阐明立场观点，减少沟通过程中的分歧。为了能够及时解决参会成员提出的问题，忽略时差影响的我经常直到深

中乌天然气管道 UCS1 站剪影

夜还在回复邮件或者接打电话，在不懈的努力下，最终各方就所有问题达成了一致意见。

本以为万事俱备，在协调会议正式开始前不到一个小时却接到了一个电话，对方要求立即修改即将在会议上签署的维检修计划，这种突然的临时修改势必会影响到本次会议的进程，为了不影响会议顺利开展我耐下心来同对方解释。通过细致的沟通，我了解到他们想添加两项新的检修项目，避免日后开展检修时协调委员会提出异议，本身对输气计划并没有影响。我向他们解释，保障管道安全平稳运行正是我们的共同目标，最终说服他们先在原有的维检修计划上面签字，增加的内容可在会后与各方说明后再调整传签。事情得到了圆满的解决，我内心的一块大石头也落了地。

同时，视频会议对于翻译的要求更高。因为所学专业的缘故，入职前我对石油和管道相关的专业名词一无所知，如"球阀更换""动火作业""压缩机组"

等工作中的高频词汇。再加上语言表达习惯不同，所以常常不知道对方的意思。在最初的日常沟通中，每逢电话铃响，瞥见是海外的来电，还没等接听我的心里就开始发怵。面对这种情况，我一边逐步克服心理障碍，就不确定的地方反复与对方确认，另一边，我找来近十年的四国协调会材料逐页翻看，遇见不懂的专业名词就及时向同事和前辈请教，同时坚持每天阅读和收听中亚地区新闻，把新学到的词汇记录到小本子上随身携带，把生产专业词汇旁边附上相应的设备图片。随着密密麻麻的笔记逐渐增多，我与外方同事的沟通也逐渐顺畅，沟通效率也越来越高，工作信心也越来越足。

在参与筹办四国协调会的过程中，我累计与主办方和各参会方往来邮件 500 多封，编辑会务手册 120 余页，整理会议纪要 10 余版，翻译会议相关材料 10 余万字。这一串串数字，让我对工作有了更深刻的理解——一个个细节的保证，一条条规范的操作，一步一个脚印，才能保证最终结果的圆满实现。

回望入职的这三年，我与国际管道共同成长。迈出校园并不是学习生涯的结束，而是一个全新学习阶段的开始。要成长为"国际化"的石油青年，不仅需要提升专业技术能力、语言能力，更需要提升跨文化沟通能力和国际视角。"道阻且长，行则将至"。作为新一代的石油青年，我们将脚踏实地，担起重任，为高质量建设"一带一路"贡献青春力量，创造能源丝路上共同繁荣的美好明天。

融合篇

梦想在"一带一路"上相通相融

◎ 帕克依扎提·海拉提
中哈天然气管道合资公司

　　我出生在多民族文化融合的地区。如果说"一带一路"合作项目是一个把希望的种子洒在沿途并收获幸福的硕果，那我一定就是其中的一颗。

　　2012 年，我从哈萨克斯坦理工大学化学工程专业毕业，带着对"一带一路"项目的向往，开始求职之路。我带着简历来到中哈天然气管道有限公司 AGP，面试文控翻译岗位。递交简历后的日子，我每天都在翘首等待邮件、电话的到来，虽然久久未能收到回复，但我却没有放弃希望。也许是我的执着起了作用，我接到了到 AGP 公司实习的电话通知。这是我正式与"一带一路"结缘的电话，从此以后，我的生活便与"一带一路"紧密相连。

　　人的成长环境非常重要，如果你能和优秀的人才们并肩奋斗，那一定是你的幸运！我就是其中的一个小幸运儿。

　　哈萨克语是我的母语，通过不断努力，我又流利地掌握了汉语，因此在部门工作中，我逐渐成为中哈

2021 年，中哈天然气管道合资公司中外员工共同庆祝纳吾鲁孜节

双方友谊的桥梁。多年来，中哈双方员工友谊长存，互相学习，携手奋斗，共同克服一个个困难，取得了很多的成就。每当走进我们的公司，便会发现很多哈方员工都能够使用中文进行流利地交谈，中方员工也都会讲俄语，那是因为在业余时间里公司给大家提供了很多学习语言的机会，每周定期授课，这种机会非常难得。一直以来，公司鼓励大家，为大家创造了舒适的环境，是用心在培养着我们。只有消除语言方面的障碍，才能促进双方友好关系的发展。疫情之前，按照哈国习俗，部门中哈方员工在午休时间经常会聚餐，虽然短暂，却是我们中哈方同事思想互通、情感

晨光下的站场·中哈天然气管道站场

互融的宝贵时光。我们谈到关于中国和哈萨克的民族风俗习惯，文化传统和饮食差异，在每次交流结束时，大家都依依不舍。我想，我们的友谊已经超越了国界，是"一带一路"上的中哈管道将我们彼此的心紧密连接在一起。

在我的记忆里仍清晰地记得那个和我共事三年的中国女孩儿小严，她的热情、真诚和才华至今仍深深地影响着我，那时我们经常一起逛街、谈心，彼此交流我们的世界观、人生观和价值观，我们始终有聊不完的话题。记得她离开项目回国工作的那天，我们都流下了不舍的泪水，我尝了尝，是甜的……现在我们已经从曾经那样天真烂漫的女孩变成了孩子的母亲，属于我们小小的石油家庭也变得完整。虽然相隔千里，但现代科技仍旧让我们保持在同一平行时空，我们经常通过微信保持联络，互相分享各自的喜怒哀乐，我们很珍惜彼此的友情，也坚信这份在"一带一路"上的跨国友谊能够代代相传！

"一带一路"项目不仅给当地人民提供了巨大的就业机会、舒适的工作环境、丰厚的待遇，同时更促进了中哈两国人民的友谊。不仅在哈萨克斯坦，在整个中亚地区，甚至世界各地，我们就这样在一起，一起筑起中哈两国的友谊金桥。2014年，与我相依为命的母亲身患重病，身为独生子女的我，又加上单亲家庭，那时生活变得越发艰难，幸运的是在我的身边有着一直关心、爱护我的中方同事。记得当时我的部门经理看出了我的状态变化，并详细询问了我的情况。得知我的家庭困难后，中方好几位领导专门来到我的家里进行慰问，在经济和精神两个方面给予我们巨大的支持。他们的关爱就像雪中送炭一样，让母亲和我坚强地走过了那段艰苦的时光。从那一刻起，我的内心充满了力量，这就是中哈友谊带来的力量，这份力量伴随着我历经磨砺，鼓励我不断砥砺奋进、勇毅前行！

我相信每个人的相遇、每件事情的发生，都不是偶然的，这是一种缘分。不知道我与AGP的缘分有多久，但是我会以最好的状态继续努力工作，珍惜拥有的一切，感谢在AGP伴随我成长的每一个人！

我将和大家一起继续迎接又一年的征程，欣赏路上的每一片彩虹！感谢"一带一路"陪伴我度过人生中最美好的时光。中哈天然气管道是我人生中最美的一片彩虹。

晴日下的分离区·乌兹别克斯坦中乌天然气管道站场

"一带一路"朋友圈在这里最暖

◎ 努尔卡纳特·穆康别多夫
中吉天然气管道有限公司

中国有句古话叫"人同此心，心同此理"。人心都是相通的，不论是什么国家、什么民族，人们追求的目标都是让自己过好的生活，好的生活就是大家共同的"人类命运共同体"，一种共同的幸福。

"一带一路"像一根彩带连着中吉两国，天然气管道更像是一条血脉，传递着兄弟深情。中吉天然气管道项目不仅仅是能源输送的通道，更是在经济上互补、在防疫中携手、在发展中共赢的大动脉。

2017年，我有幸成为国际管道建设者的一员。作为翻译，从日常往来信函到商务会议谈判，从属地留学生培养到儿童福利院捐赠，我全程参与项目生产生活的方方面面，因此，我是"一带一路""和谐共赢"最有力的见证者。

2020年初，一场突如其来的新冠肺炎疫情，让全球都发生了翻天覆地的变化。大到国家治理、社会经济，小到企业运行、个人工作，疫情影响让原本安定的生活变得不可预测。在吉尔吉斯斯坦出现首例新冠

中吉天然气管道有限公司向吉国政府捐赠抗疫物资

肺炎确诊病例后，公司为保障员工生命安全，第二天
就实行了远程办公模式，并且在防疫物资短缺的情况
下为每名员工配发口罩等防疫物资，组织开展疫情防
控培训，力求将员工伤害风险降到最低，充分展现"以
人为本"的文化理念。

2020 年 7 月，吉国疫情出现高峰，民众开始恐慌性地抢购药品，一时间医院爆满，病人无处容身，医疗系统接近崩溃，很多人都变得惶恐不安。突然，一名同事在工作群里发出求助短信，语音里她哭着说："不知道自己是不是感染了新冠，但感觉很痛苦。市内的医院都已超负荷运转，拒收病人，药店里连普通的感冒药都被抢光了，不知道该怎么办。""有困难，找公司！"抱着试一试的想法，我将这个信息转达给了公司领导和同事。中方同事得知此事后，立刻行动起来，把从国内带来的连花清瘟胶囊及消炎药送给她，并鼓励她坚定信心，科学防疫。在药物的治疗和大家的持续关心下，她的症状逐渐减轻，最终康复了。后来我们得知，连花清瘟胶囊是对减轻病人症状有一定疗效的中成药，当时在中国已是一药难求，更不要说在国外。为了每一个公司员工的安全和健康，公司将几经周转从中国转运来的稀缺药品送给外籍员工，是真正不分你我的中吉友谊的体现。这件事对我们触动很大，这种危难时家人般的温暖和帮助，正是公司倡导的"家园文化"最有力支撑。

　　中吉两国人民都讲"远亲不如近邻"。在吉尔吉斯人民与新冠病毒做艰难斗争的时候，中国政府、中资企业纷纷向吉国伸出了援助之手。中国政府不仅派出了多批次的医疗专家队伍，现场指导救治新冠感染者，传授防疫经验，还接连不断地向吉尔吉斯斯坦捐赠了大量的防疫物资和疫苗。我们公司也不例外，积极主动履行社会责任，通过多方筹措，从国内运来一批抗疫物资。在捐赠仪式上，我激动地翻译着吉国卫生部官员的讲话："新冠肺炎疫情形势日趋严峻，抗疫物资非常紧缺，你们公司在我们最需要帮助的时候伸出援手，非常感谢！"再看着一箱箱用中俄双语写着"守望同心、共克时艰"的抗疫物资，让包括我在内的现场人员深深地感受到来自中国石油的力量和大爱，也充分彰显出国际管道中吉项目的责任和担当。

风雨过后总会见彩虹。病毒无法战胜人类，不仅仅有疫苗和药物的作用，更重要的是人与人之间的爱！

2022 年 1 月 25 日，中国国家主席习近平在中国同中亚五国建交 30 周年视频峰会上发表了"携手共命运，一起向未来"的讲话。"一带一路"建设的蓝图正在一张张展开，它对沿线国家是千载难逢的机遇，拥有越来越多的朋友圈。但我总觉得，"一带一路"朋友圈，在我们这里，最温暖。

火车为他而开

◎ 陈群尧
中油国际管道（新疆）有限公司

中哈原油管道正式投运的第一个国庆节，即 2007 年国庆长假，整个阿拉山口沉浸在建国 58 周年的欢乐气氛中。中哈原油管道中国分公司没有值班任务的中哈员工同时也在享受着节日带来的短暂休息。平时熙熙攘攘、车来人往的中国阿拉山口通往哈萨克斯坦德鲁日巴的公路口岸也因放假闭关显得格外安静。

日暮远眺下的哈萨克斯坦山景

2007 年 10 月 2 日上午 10 时许，哈方派驻的设备专家阿斯卡尔接到来自哈萨克斯坦的电话，父亲病逝，要求他立即回哈料理后事。因为口岸闭关，只能从乌鲁木齐空中口岸出关，阿拉山口离乌鲁木齐还有 500 多千米的车程，即便立即动身赶到乌鲁木齐，也没有合适的航班了。

着急的阿斯卡尔怀着沉重的心情找到分公司。分公司领导知道这一消息后，立即与阿拉山口边防检查站张玉良站长及阿拉山口海关查验科取得联系，希望得到中国边检和海关的帮助，作为特殊情况，用往返于阿拉山口和德鲁日巴换装值班的火车头送阿斯卡尔出境。在中国边检的大力帮助和协调下，阿斯卡尔在办理完正式离境手续后，坐进火车头的驾驶室，从铁路口岸顺利回到了自己的祖国。

阿斯卡尔坐上中国的火车头出关时，热泪夺眶而出，他从内心感谢中国边检、中国海关、中国铁路以及给予他帮助的中国人民。这是阿拉山口口岸建立以来第一次采用特殊方式将哈方人员送出境，也是唯一一次非正规渠道让哈方人员离境，是火车头带动了中哈友谊。

之后的工作当中，阿斯卡尔和哈方员工认真努力，用他们的行动践行了中哈友谊。特别是 2008 年 5 月四川汶川遭受特大地震灾害时，他们积极主动自愿为灾区人民捐款献血，用真心和热血回报给予他们帮助的中国人民。

与草原深处牧民的偶遇

◎ 尹志成

中哈原油管道有限责任公司

2009 年的初夏，我与哈方同事一行四人从阿拉木图出发，对中哈原油管道阿塔苏—阿拉山口管道线路及站场进行安全检查。工作进行到第三天，我们将从巴尔喀什经过漫长的无人区赶赴 600 多千米外的 10

中哈原油管道站场

遍地黄花·哈萨克斯坦风光

号清管站。当时中哈原油管道9号泵站正在建设，沿途除了能够在9号泵站进行补给外，9号泵站到10号清管站往返400千米是真正的无人区，丘陵沟壑纵横，受春季洪水的影响，一些道路仍然泥泞湿滑，路途充满着艰辛。

我们在9号泵站简单休整，9：30开始向10号清管站出发。车辆沿着管道伴行路或管道巡线开辟的小路向东一路前行，汽车周围是一望无际的广袤草原，无论朝哪个方向望去都只是无边无际的草原和蓝天白云。草场郁郁葱葱，像绿色的线毯，汽车发动机的轰鸣声打破草原原本的静谧，惊动的鸟儿展翅飞翔。此刻的大草原带给我难以形容的美丽。颠簸弯曲的道路也让我们备受煎熬，疲惫不堪，已经奔波了7小时，饥饿无时无刻不在折磨着我们。而就在此刻，我们看见行驶的前方出现一户牧民，决定去牧民家休息一下，顺便补给一点能量。这户牧民的出现给我们带来了希望，同时也有很多疑惑，在茫茫草原深处孤零零的一户牧民会接待我们吗？会给我们提供饮食吗？

随着远处三排房屋越来越清晰地映入我们的视野，我们的到来惊动了牧民家的狗，它一阵汪汪狂叫，而男主人也从房中走出向我们这边张望。

带着疑惑，我们的车子停在了牧民家门前，向男主人说明了来意，他热情地邀请我们进入家中。进入家中后看到的一切都让我感到震惊，不可思议。没想到在一望无际的草原深处的一户普普通通的牧民家中竟如此整洁，深红色的木制地板一尘不染，客厅四周挂着壁毯，地面也铺满地毯，中央摆放着一个方桌，上面摆满了各种巧克力糖果、饼干和干果。女主人站在门口热情地迎接我们，邀请我们围着方桌坐下，品尝美食。男主人叫谢利克，有一儿一女，在这里放牧已经有几年时间了。家里有70多匹马、500多只羊，还有几只骆驼等，为此他自己修建了近1千米的400V电力架空线，将电接入家中，生活越来越好啦。不一会儿，女主人端上来一锅热气腾腾的奶茶，奶茶的香味沁人心脾，饥肠辘辘的我们几人瞬间感觉到了家的温暖。

谈到中哈原油管道，谢利克深有感触地告诉我们，中哈原油管道建成和运行，切切实实地给当地牧民带来了很多就业机会，很多人都参与了分包商的管道建

中哈原油管道 8 号站工艺区

设，有些人还去了哈萨克斯坦石油运输股份公司（KTO）工作，并以此为荣，家里的生活得到了极大的改善。他就在安保公司工作，工作 15 天，休息 15 天，既有稳定的收入，也能够照顾家里的牧业，非常感谢中哈原油管道公司给他带来的幸福生活。他还讲到他家时时刻刻都准备着这些糖果和干果，就是给路过这里的人提供补给。最后他说，他一定会做好中哈原油管道的安保工作。

茶足饭饱，想着在异国他乡能从事着这么有意义的工作，倦意全无，我们又重新踏上了管道安全检查的征程。

朱玛茜的故事

◎ 程博 向志雄
  中哈天然气管道合资公司

  中哈天然气管道 A/B 线六号压气站（简称 CS6）坐落于哈萨克斯坦阿拉木图州奥塔尔镇，距离哈萨克斯坦最大城市、中哈天然气管道合资公司总部所在地阿拉木图市区约 150 公里。CS6 压气站共有 5 名中方员工和 36 名哈萨克斯坦本地员工，另有后勤公司 20 人，安保 6 人，驻站医生 2 人，消防队 10 人。最近，在该压气站工作的一位哈萨克斯坦籍大姐朱玛茜突然成了当地"网络红人"，而且还登上了中国中央电视台。

  这是怎么回事呢？

  原来，朱玛茜是 CS6 压气站后勤倒班村的一名洗衣工，今年 50 岁了，已经在项目工作 6 年了。她的日常工作就是负责为压气站中哈方员工提供洗衣服务。

  朱玛茜是当地典型的贫困户，家庭经济拮据，丈夫和女儿都患病多年，一家人就主要靠她的收入维持生活。压气站的中哈方员工们得知她家庭困难情况，还经常主动对她进行慰问帮扶。

  朱玛茜的情况很快在六号站乃至整个中哈天然气

中哈天然气管道 CS6 站

管道合资公司传开，很多热心同事都为她伸出援手。
2017 年 11 月，在哈萨克斯坦进行采访的中央电视台
中文国际频道《一带一路·远方的家》摄制组一行在
六号站采访期间听说了关于她的故事，就专程对她进
行了实地采访。

当时她刚刚弄伤了腰部，但是为了不影响工作依
然坚持到岗。得知此事后，压气站时任中方站长向志
雄买了不少米面油等生活用品亲自去看望了这位同事，
这个举动令所有的哈方员工都心生暖意。摄制组决定
当天下午由向志雄站长陪同，再次前往员工家里探望。

朱玛茜的丈夫由于心脏手术目前已经丧失了劳动
能力，女儿也罹患肾病，已经摘除了一个病变的肾脏，
现在也没有工作，家里还有一个两岁的小外孙，全家
仅靠朱玛茜在倒班村的收入维持生计，日子过得捉襟

见肘。雪上加霜的是为了给丈夫和女儿治病家里不仅花光了存款，还从银行贷了一笔巨款，而为了不增加家庭负担，朱玛茜的女儿现在已经停止了术后治疗，只能在家静养。虽然生活的重担全部都压在了朱玛茜一个人身上，但是她的脸上始终挂着笑容；虽然由于工作繁忙，每天下班回到家已经是漆黑的夜里，但是依然把小院子收拾得非常整洁，还种上了果树和蔬菜，家里也摆着好几盆绿植；虽然生活艰辛，但是对未来依然充满希望。

向站长告诉记者，朱玛茜虽然已经上了年纪，但是工作起来丝毫不马虎，非常认真细致，见到中方同事总是会报以灿烂的笑容，渐渐地大家对这个阿姨都充满了好感。中方同事在听说了她的情况后都表示同情，平日里对她也非常关照，逢年过节都会到附近的商店给她买点生活用品。当记者向朱玛茜问到工作时，朱玛茜表示非常珍惜现在的工作，对压气站和后勤公司的各位中方同事也非常感激，正是多亏了他们才能有现在的工作，才能继续保留一份对生活的希望，在黑暗的生活中看到一丝亮光。在她看来，首先这份工作很稳定。近年由于哈国整体经济环境面临的一些不稳定因素，失业率攀升，很多工作岗位的稳定性也很难保障。而在中哈天然气管道项目则是长期稳定的工作岗位。其次，工作地点离家近，使得她能够在家门口上班，早晚和周末还能照顾家庭。这样工作生活两不耽误。如果不在这里上班，在家门口附近很难找到类似的工作，她和其他村民们就不得不背井离乡，到几百公里之外的阿拉木图等大城市去打工。第三，由

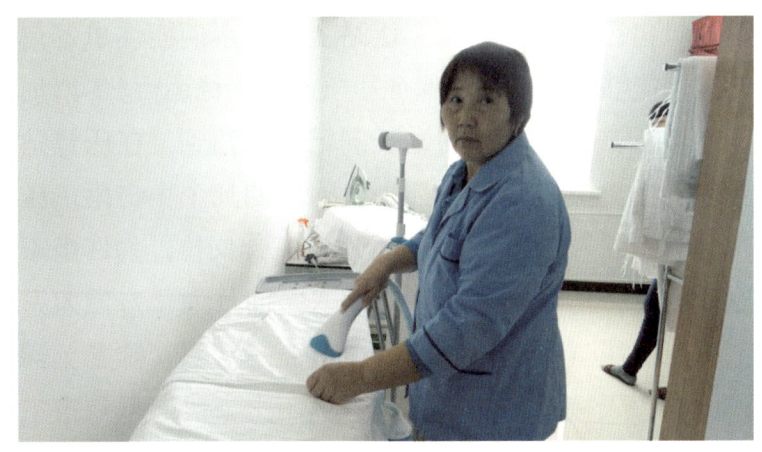

中哈天然气管道 CS6 站洗衣工朱玛茜在工作岗位上

于合资公司对后勤服务合同监督到位，管理规范，后勤服务公司普遍为员工创造了良好的工作条件。公司专门安排班车，早晚接送她和一起工作的工友们。为他们提供中午休息的房间，提供饮用纯净水、提供餐补，每月按时发工资，而当地很多小企业则经常拖欠工资。因此，提起这份工作，她是满满的幸福感。

当记者问阿姨对今后有什么期望时，她说希望压气站能够一直平稳运行下去，这样她就能够一直在站上工作，她们全家也就有盼头了，她的女儿也能够去接受术后治疗，尽快恢复健康了。听到这里，向站长仔细问了具体情况，当得知术后的治疗费用大概还需要2000元人民币时，他当即表态这个费用由他来解决，让阿姨不用担心，明天就去联系医院吧。他说如果花2000元人民币就能实实在在帮助一家子人的话，那这个钱就花的非常值，非常有意义。朱玛茜表示她已经不知道如何感谢向站长，感谢压气站了，她就希望能够通过自己的努力工作，让站上的同事们能休息好，让他们能够全力以赴地保证压气站的平稳运行。

在回去的路上，向站长向记者介绍到，在压气站工作的后勤员工基本上都来自附近的几个小村落，压气站的建成为当地创造了近 50 个工作岗位，为许多家庭提供了一份可观又稳定的收入，而且为了方便大家上下班，压气站还与后勤公司协商，专门安排了一辆大巴车每天接送居住在附近的员工上下班。每到古尔邦节、纳吾鲁孜节这样的节假日时，压气站还会专门买上几只羊，给附近的几个村子送过去，希望村民们能够开开心心地过节，吃上一顿丰盛的饭菜。

中哈天然气管道项目重视员工属地化和为所在国创造就业岗位。合资公司内部直接为当地雇员提供了超过 1000 个工作岗位。管道开工至今，建设期每年提供了上千人的就业岗位，高峰期达到 4000 余人。此外管道运行期的安保、消防、行政后勤、维检修等服务每年可提供各类长期稳定优质就业岗位超过 5000 个。

由于中哈天然气管道单线全长 1300 公里，管道和沿线基层站队点多面广，各基层单位在招聘基层技术人员时，优先考虑家在附件的且符合专业水平要求的专家。例如，管道沿线的奇姆肯特输气管理处，加上所辖的维抢修中心、AB 线二号压气站加上消防队共计 159 名员工中，除 8 名中方员工外，其余 151 人均为哈国员工，员工本土化率达到 95%。而这 151 名哈国员工中，家在奇姆肯特当地，"在家门口上班"的就有 127 人，占全部哈国籍员工总数的 85%。而服务后勤类人员，则 95% 以上是从基层站队附近的村镇、

奇姆肯特维抢修中心鸟瞰

小城市招聘。这改变了此前由于缺乏就业机会，村镇年轻人纷纷到远离家乡的大城市打工的局面，实现了家门口的就业，为管道沿线居民带来了实实在在的切身利益。

中哈天然气管道注重在项目所在国履行企业社会责任，除创造大量优质稳定就业岗位外，合资公司还在当地输气保供、慈善捐赠、扶贫帮困、纳税、培训教育方面做了大量工作，并取得良好的社会效益和影响。

"国之交在于民相亲，民相亲在于心相通。""一带一路"要行稳致远，离不开"民心相通"的支撑和保障。绵延万里的中亚天然气管道贯穿了哈萨克斯坦的全境温暖了管道沿线的千万居民的心，将两个国家紧紧连在了一起。黑夜中的压气站显得异常明亮，不仅照亮了车辆前行的道路，还点亮了当地居民对未来生活的希望。

玛丽娅的"中国梦"

◎ 胡宏磊

西北原油管道有限责任公司

夜幕降临，月上柳梢，此时已是哈萨克斯坦晚上九点半，哈国西北原油管道合资公司只有文控部办公室的灯依然亮着，一个漂亮的姑娘正在专注地编制文控手册，她就是故事的主人公玛丽娅。

青春靓丽的哈萨克姑娘玛丽娅，用永远十八岁来形容她最恰当不过了。她有着俄罗斯族特有的高高的鼻梁，金发碧眼，以及同事们每天都喜欢见到的充满阳光和自信的笑容。很难想象从大学毕业至今她已工作了十五年，这十五年里陪伴她成长的是中哈原油管道以及西北原油管道这两个中哈设施联通合作典范、"一带一路"倡议的示范项目，可以说她是这两条管道建设运营的见证人，也是中哈友好合作的践行者。

玛丽娅从小就对充满神秘色彩和古老东方文化的中国怀有浓厚兴趣，所以在报考大学时，她选择了东方系国际关系专业，希望有一天能作为一名外交官来到中国。

管通未来 能源丝路上的故事

初入职场的兴奋

2004 年，玛丽娅以优异的成绩从大学毕业，加上她流利的英语，多家当地公司向她投来了橄榄枝，但是她一直怀揣着自己的"中国梦"，并没有草率做出选择。机缘巧合，她从一个中国朋友那里得知：中哈两国的石油公司刚刚合资创建了中哈原油管道有限责任公司（KCP），正在筹备建设一条连接两国的长输原油管道，这是两国间第一条跨国能源管道，有巨大的政治和社会意义，是备受两国国家元首重视的重要能源合作项目。第二天，玛丽娅就带着自己的简历来到了公司应聘。

凭借自身的优秀能力和积极阳光的性格，经过了层层选拔，她顺利被公司录取，入职文控翻译部负责公司文控管理工作。回想起被录取的那一刻，玛丽娅至今记忆犹新："给我面试的是一位和蔼可亲的中国姐姐，后来才知道她就是我将要去的文控翻译部经理，我们都喜欢叫她刘姐。刚毕业就能加入这样的国际化公司，真是幸运极了，接到通知那一天我迫不及待地将这个好消息与所有的亲戚朋友分享。"

成长中的苦涩与喜悦

刚进公司她就被公司多民族多文化交融的工作氛围所吸引，尽管同事们语言不同，文化相异，但是大家都为了同一个目标团结奋斗。公司像一个大家庭一样，面临繁重的工作和艰巨的责任，他们始终展现出了乐观的工作态度，在工作中互相支持。

哈萨克斯坦，正在修建中的西北原油管道

　　热情高涨的玛丽娅不久就遇到了第一个挑战。合资公司刚刚组建，文控系统还在建设中，人员配备并不充足，一堆各种各样需要处理的文件已经摆在了玛丽娅面前，经过简短培训的玛丽娅需要立刻进入角色，以保障公司的正常运转。

　　还没来得及适应周围环境的玛丽娅面对不断而来的催促声，心急火燎。她说："我当时急得眼泪都快下来了。刘姐看到后安慰我说：'玛丽娅没事，你刚来做得慢一点很正常，先别急，我们一起做吧。'"刘经理和玛丽娅边整理边讲解，很快文件就处理完了。回到家后，玛丽娅用心回想并仔细记录了当天所处理文件的各个环节和流程。

　　在后来的工作中遇到问题她都会向刘经理请教，然后记下解决思路和办法。刘经理无私的传授加上玛丽娅认真学习、一丝不苟的韧劲，使得玛丽娅的业务能力迅速提高，成为了公司文控方面的骨干。几个月下来，玛丽娅应付工作已经游刃有余。她出色的语言能力也给大家特别是与中方同事的沟通带来方便。灿烂阳光的笑容又出现在了玛丽娅的脸上。很快，玛丽娅由于工作能力突出，升任为文控组组长。

第一次中国之行

2005 年，为了给阿拉山口办事处建立办公组织流程，玛利娅第一次来到了中国。用她的话来说，这是一次既困难又令人兴奋，而且非常有趣的出差之旅。虽然时间只有短短的两个月，并且大部分的时间都在工作，但她还是尽可能的四处走走逛逛，去了解这个神奇国家的文化和人民的生活方式。在她的眼里，中国有丰富的美食，这里的人民非常热情好客。更令她惊讶的是很多老年人一大早就出了门，为的是在公园里跳舞或做体操，生活很有乐趣。

在出差期间，玛丽娅受邀去参观了一家管材配件的生产企业，企业规模的宏大以及管理精细化程度，都深深地触动了她。她对同行的同事说：中国的一切都是这么气势恢宏。

都说"不到长城非好汉"，喜爱中国文化的玛丽娅当然知道这句话。她一直有一个愿望就是想去一次长城，临回国前，她终于如愿以偿，登上了好汉坡。可惜天公不作美，那天雾很大，玛丽娅并没有看到巍峨长城的全貌，但仅仅是眼前的一小段也让她感到了无比震撼。

短暂的离开

2016 年，玛丽娅因为个人和家庭的原因离开了 KCP 合资公司，从 2004 年开始，不知不觉她伴随这个公司一起走过了 12 个年头，她见证了公司从成立到成熟，见证了这条连接两个国家的能源大动脉从无到有，而在这个过程中她也从一名青涩小女孩变为一位成熟干练的职业女性，从外行变成了文控专家。

虽然很艰难，但是为了家庭她还是做出了离开的决定。在得到她即将离职的消息的时候，中哈双方的同事们特意为她准备了一场告别仪式。

一位和玛丽娅共事多年的哈方员工说："玛莎，我已经习惯了你每天早上的问好，要是听不到你的问好，我会觉得像是没吃早餐一样。"是的，玛丽娅的乐观和阳光总会感染身边的同事，为每天繁杂的工作加入许多生趣。

在告别仪式上，玛丽娅还接到了一个特别的电话，这是玛丽娅的第一位部门经理从中国打过来的："玛莎，我听说今天你就要离开 KCP 了，祝愿你在以后的生活和工作中一切顺利，我觉得你已经足够出色，无论是做什么都能够做出一番成绩。""谢谢您，刘姐，我不会忘记您对我的帮助，我不会忘记大家的。"对于这个惊喜玛丽娅已经哽咽了。

时任玛丽娅部门经理的王赋欣为她送上了一个相册，相册里面记录了玛丽娅在 KCP 这 12 年里的工作瞬间。玛丽娅和大家翻看着相册："这是 2004 年，我刚刚来到公司；这是我们去阿拉山口出差的时候的照片；这是我们在施工现场，我的那一件工作服太大了……"

　　离开 KCP 之后，玛丽娅很长一段时间内并没有工作，而是留在家里，处理家庭的事务。闲暇的时候，她常常拿出那本相册给她的孩子讲她以前的工作，讲中哈原油管道这条钢铁巨龙的故事。

　　后来，玛丽娅加入一家德国制药公司的哈萨克分公司，由于流利的英文和出色的业务能力，她在众多的竞聘者中脱颖而出，成为这家公司的综合行政部经理。

再次回归"大家庭"

　　2018 年，西北原油管道有限责任公司（MT）启动了反输改造工程，成立了项目管理组（PMT），王赋欣在中方股东的安排下从 KCP 来到 MT 支援项目建设，他担任的是 PMT 的协调员。

　　当时 PMT 刚刚组建，许多部门都面临人手不足的情况，特别是文控部，在项目实施之初就需要开展文控手册的审阅以及其他项目材料的报送，人员少工作多，而且确实专业的文控专家。

　　这时王赋欣想起了玛丽娅，要是她在的话，文控工作就有主心骨了。抱着试一试的心态，王赋欣拨通了玛丽娅的电话。电话那头传来起了熟悉的声音："您好，王经理，最近好吗？"简短的寒暄之后，王赋欣向玛丽娅说明了情况。玛丽娅听说能与大家相聚，当即表示愿意再一次与大家一起战斗。

　　王赋欣把情况向公司领导做了汇报，公司领导也表示欢迎我们的玛丽娅再一次加入这个集体，继续为咱们"一带一路"的建设添砖加瓦。

2018 年 4 月玛丽娅正式加入 MT，担任项目管理组的文控负责人。熟悉的工作，熟悉的同事，熟悉的场景，这一切让玛丽娅觉得自己好像又回到了 20 多岁的样子。尽管中方和哈方同事中有许多的新面孔，但是她相信，有以前那么长时间的合作以及友谊做基础，有中国同事"传、帮、带"的工作方式，这一次的项目建设一定也可以像以前一样取得成功。

第二次中国之行

一次偶然的机会，玛丽娅参加了"一带一路"短视频的拍摄，并获取了创意短片奖。作为视频的女主人公，她受邀到北京参加颁奖典礼，第二次的北京之行让玛丽娅无比的兴奋。她将这个消息分享给了所有哈方同事，与他们一起分享快乐。飞机在北京上空盘旋时，让她看到了相比第一次来中国时城市建筑发生的巨大变化。"中国这十几年来发生了翻天覆地的变化，简直难以想象！"她惊讶地说。在颁奖典礼期间，她接受了多家电视台的采访，讲述了这些年"一带一路"给哈萨克斯坦带来的变化。临回国前，她对大家说："希望这不是我最后一次来中国，我喜欢这个国家和她的人民。"

如今每每回想，玛丽娅都不无感慨地说："我很幸运来到我所向往的中哈合资公司工作，我更幸运能有刘经理这样专业敬业，和蔼可亲，和大姐姐一样的领导。公司里有像刘经理这样一批既专业，又关心下属的中国领导和专家，让我们这样的年轻人能快速成长。"

玛丽娅在"一带一路"百国印记视频颁奖典礼发言并接受媒体采访

　　当问起她最大的收获是什么，她说："我最大的收获是从刘经理那里学到了思考解决问题的思路和方法，这让我能自如应对解决工作中所能遇到问题，我知道我身负她的希望，这是我前进的动力。"

　　玛丽娅作为中哈能源管道建设的元老级人物，经历了合资公司从粗放到精细化管理的过程，同时见证了公司各项业务系统的建立、完善。多年来，中哈双方的合作得到了进一步的发展，哈方员工也在中方的帮助下，掌握了先进的管理模式，提高了技术和业务能力。玛丽娅也在双方不断深化合作中渐渐的成长为一名业务能力突出的管理者。

　　玛丽娅的"中国梦"就是成为中哈两位友谊的使者，为中哈友谊之树浇水培土。玛丽娅的故事，就是中哈美好友谊缔结过程的缩影，是"一带一路"上中哈人民的美好情谊的动人展现。

在"一带一路"收获爱情与家庭

◎ 刘岩
中乌天然气管道合资公司

2013 年，习近平主席提出"一带一路"倡议，六年时间，这份"倡议"已经发展成为实实在在的"建设"，从畅想走进了现实。这是一个渐进的过程：沿着这条丝路，通过广泛合作，拉近了中国与沿线各国人民心与心的距离，为"一带一路"建设夯实民意基础，筑牢社会根基，实现互利共赢，赢得国际社会的广泛认同和普遍赞誉。

那么，中国企业在海外如何助推"一带一路"建设，实现互利共赢，民心相通呢？茫茫戈壁滩，中亚天然气管道交会古老丝绸之路。接下来要讲述的故事就和这条能源大动脉息息相关，是一个发生中乌管道公司的异国情缘故事。

中乌天然气管道合资公司，承担着将产自土库曼斯坦的天然气经由乌兹别克斯坦全境输往下游管道的重任，在乌国境内运营的天然气管道近 1600 公里，运营模式为中乌合资共营。今天故事的主人公叫陈宽，是在中乌天然气管道公司工作的一名厨师。

2010 年陈宽作为一名厨师第一次赴乌兹别克斯坦工作，成为中石油海外大军中的一员。那年不满 25 岁的他是抱着想到外面看看，挣钱回家娶媳妇的淳朴愿望踏上了海外工作的道路，从湖北老家来到了中乌天然气管道合资公司。因为工作的特殊性，每次休假回家都待不了多久又要回到乌国工作，七年的时间里，他基本没有时间恋爱。

转眼陈大厨就奔 30 岁了，媳妇还没有着落。其实陈宽每次休假的主要任务之一就是相亲，几年下来，每次姑娘见过他，人就玩消失，电话也打不通，当时网络聊天也不给力，最后也只好说拜拜。由于家人、朋友的催促陈宽甚至一度甚至打算放弃海外工作，准备回国工作找对象。

2017 年初，一次偶然的机会，陈宽结识了同在公司工作的一个乌国女孩。记得那时候还是冬天，陈宽在忙完工作后回到宿舍，雪夜的寒冷渗透着整个房间，一看原来是自己忘记关窗了。乌兹别克斯坦的冬天很冷，陈宽工作的压气站场位于乌国北部，此时屋外正在飘着鹅毛大雪。陈宽走到窗户跟前，正准备关窗，透过窗户，他看到窗外雪地里一个女孩正在学骑自行车。女孩的动作显得有点笨拙，雪地里很滑，女孩一次又一次的摔倒，然后一次又一次地爬起，有着一股不学成不罢休的劲头，女孩身上透露出来的毅力深深感染了陈宽，但女孩骑自行车明显没有掌握到要领，于是他跑出屋外去，在女孩身后帮忙扶着自行车，并教授女孩骑行自行车的要领，女孩不再摔倒，并很快就掌握了骑行的要领。就这样，陈宽与这个女孩就认识了，冬日寒夜里陈宽的热情关切，为女孩心房带来了阵阵暖意。

　　这个女孩名叫阿扎菲娅，身材高挑，长着一头金发，金发碧眼，是个典型的俄罗斯族女孩。阿扎菲娅是在中乌天然气管道合资公司工作的乌方员工，与陈宽同处在一个压气站场，是站上乌方员工食堂的服务员。幼年时，阿扎菲娅父母早逝，她跟随姑姑一起长大，一路走来充满艰辛，这与陈宽早年失去母亲在姑姑的帮扶下长大的经历有些相似，相似的经历让这两个年轻人有了更多的共同语言，阿扎菲娅的坚强与美丽深深吸引了陈宽，陈宽的勤劳朴实也打动了阿扎菲娅，两个年轻人慢慢地走到了一起。

　　2017年底，在经过近一年的恋爱后，陈宽与阿扎菲娅结婚了，阿扎菲娅跟随陈宽回到中国湖北老家，在那里举行了一场传统的中国婚礼。婚礼非常热闹，亲朋好友们在一起开开心心地庆祝了三天三夜。阿扎菲娅婚礼礼服是一件大红色连衣裙，既有传统的大红色中国风，又有俄罗斯连衣裙的样式，中外交融显于细节。这件礼服是由陈宽嫂子精心准备的，长嫂如母，对这个加入家庭中的异国姑娘关爱有加，陈宽家里所有亲戚朋友们对他们的跨国姻缘送来了祝福与礼物。在陈宽的大家庭里，阿扎菲娅又感受到了久违的家庭温暖，婚礼期间，陈宽大家庭中的亲情，左邻右舍的和睦团结，中国人民的友好热情都让阿扎菲娅感动得热泪盈眶，她觉得自己能嫁到中国非常幸福。通过陈宽，阿扎菲娅对中国及中国文化也有了更深的了解，并深深地喜欢上了中国。

婚礼结束后，陈宽与阿扎菲娅又回到乌兹别克斯坦的工作岗位，这个因"一带一路"结缘组建的跨国小家庭，继续投身于"一带一路"的建设中，贡献着自己的力量。中乌天然气管道合资公司也积极安排调整陈宽与阿扎菲娅的工作岗位与工作计划，以方便陈宽更好地照顾家庭。

　　2018 年，他们的爱情结晶——一对双胞胎男孩诞生了。兴奋之余，随之而来的烦恼就是给孩子起名。陈宽想给孩子们起一个独一无二并且纪念意义深远的名字。思前想后，由于陈宽与阿扎菲娅是在"一带一路"的中乌天然气管道认识的，在同事们的建议下，陈宽将双胞胎儿子分别取名为陈一带、陈一路，寓意为将来兄弟俩要开阔视野，精诚合作，沿着"一带一路"走向世界。这个名字不但陈宽满意，连他的乌国妻子

中乌天然气管道合资公司厨师陈宽在"一带一路"收获爱情与家庭，图为陈宽一家合影

也称赞，对于说俄语的她这个名字朗朗上口又容易记住。因为是异卵双胞胎，陈一路黑头发黑眼睛，长得像爸爸，看上去像中国孩子；而陈一带长相随妈妈，金发蓝眼更像是俄罗斯族孩子。这对可爱的"一带""一路"混血双胞胎，何尝不是中油国际管道公司加强海外合作、深延文化融合、互利共赢、民心相通促"一带一路"建设的见证呢？

现在，陈宽比以往更忙了，完成本职工作后他喜悦地奔向新的工作岗位，去做一个家庭的好丈夫和好爸爸。中国人讲究安居乐业，家中一下子增添了两个孩子，陈宽用积攒下的海外收入在当地买了新房，妻子阿扎菲亚更是成为当地人口中幸福的中国媳妇，要知道在乌兹别克斯坦这样发展中的国家买新房往往需要等待很多年，而新婚第二年就能拥有自己的新房让阿扎菲亚倍感幸福，相同的儿时成长经历让他们彼此间更珍惜这份中乌爱情之花。

"五色交辉，相得益彰；八音合奏，终和且平"，古丝绸之路因不同文明的水乳交融而流光溢彩。在乌兹别克斯坦境内的中亚天然气管道，是中国在乌国投资的重点项目，其路由与古丝绸之路完全吻合。这条新时代的能源新丝路与古老的丝绸之路今古相映，正在发光发热，不远万里输入国门的清洁天然气，供应祖国人民做饭、取暖，助力祖国打造蓝天工程，至今已有超过四分之一的中国人民正在使用来自中亚的天然气，这是来自中国与乌国的工程建设者、运营者们一起努力的结果。

"一带一路"倡议传承丝路精神，不断加强沿线

中乌员工"传帮带"是中乌天然气管道合资公司长期形成的优良工作传统

国家间文化交流，坚持以开放包容心态看待对方，用对话交流代替冲突对抗，这一理念在中乌天然气管道得到了充分理解与推行。作为中亚天然气管道乌国段的运营单位，中乌天然气管道合资公司扎根于乌国当地，充分利用自身优势，秉持大局意识，将落脚点放在中乌双方共同进步求发展，齐心协力干生产这一目标上来，不但中方员工的业务素质能力要提升，乌方员工业务素质也要迎头赶上。通过数年的努力，中乌天然气管道合资公司通过中方员工的"传帮带"，使乌方成员的素质技能得到了很好的提升，为能源大动脉持续发展打下了坚实的基础。

中乌天然气管道合资公司在将中国先进的管理理念与生产技术引进乌国的同时，积极完善工作机制，大力促进中乌友谊，为能源大动脉的和谐平稳生产创造了条件。陈宽与阿扎菲娅跨国喜结连理只是中乌天然气管道加强中乌交融的一方面，在这里，中乌双方已经亲如一家人，公司每年会固定组织中乌双方员工共同竞技的体育赛事活动，对于中乌双方的传统佳节，更会在一起庆祝。每逢中方的传统春节、中秋佳节，乌方同事会邀请中方留守岗位的中方人员去家中做客，与中方人员一起庆祝佳节，以排解中方员工的思乡之情；每当乌方的新年、纳乌鲁斯节等盛大节日，公司会组织中乌双方员工在一起纵情歌舞欢庆；每逢乌方员工的婚丧嫁娶活动，中方员工也会自发前往参加，这些似乎成了中亚天然气管道在乌国的特色文化，这一特色文化为中亚天然气管道的中乌运营人员紧紧凝聚在一起，为能源新丝路的建设运行创造了民心相通的条件。

阿扎菲娅来到中国后，得知汽车加气站的天然气以及家里所用的天然气，是通过自己所在的"一带一路"上的中乌天然气管道不远万里输送过来的，自豪感与成就感便油然而生，因为，这其中也有她与丈夫的一份力量。与"一带一路"沿线民众民心相通，实现互利共赢，"一带一路"的建设自然会疾蹄奋进，硕果累累。中乌天然气管道这条国际能源大动脉自投运至今，已经为国内源源不断输送了2500多亿方清洁天然气，为沿线民众提供了上千个就业机会，为当地培养了400多名专业技术人才，在保证为中国提供充足能源的同时，还为当地解决了大量就业，真正实现了双赢的效果。

　　乌兹别克斯坦是古代丝绸之路与"一带一路"的交汇之地，历史上中乌交往源远流长。今天，中乌双方是全面战略合作伙伴关系，中国是乌国最大的贸易合作伙伴，是乌国的主要投资来源国。在这里追寻着张骞与玄奘的足迹，沿着中亚天然气管道这条能源新丝路，我们可以看到古代丝绸之路给这里留下的丰厚文化遗产，至今在人民的生活中发挥着重要的作用。今天，陈宽的故事让我们见证了"一带一路"为中乌合作带来的巨大成就，这个与我们不相邻，但紧密相连的国家，正加入中国新时代更紧密的朋友圈中，愿中乌两国的友谊，如中亚母亲河阿姆河一样源远流长。

炎炎烈日，鏖战加兹里

◎ 陈金孝
中乌天然气管道合资公司

2020 年 5 月 25 日至 28 日，中乌天然气管道 GCS 站利用上游坎丁处理厂检修的有利时机，在布哈拉维抢修中心的大力协助下，经过三天奋战，一鼓作气完成了站场三台 20 寸阀门的更换作业、分析小屋取样探头的渗漏处理和站场 ESD 系统功能测试几项重大作业。站场中乌团队克服因疫情影响人员不足的被动局面，经受住了 45 摄氏度高温的考验，用实际行动展现了中乌精诚合作、敢于担当的良好精神面貌，诠释了站场中乌团队的合金文化。

中乌天然气管道合资公司布哈拉新调控中心

未雨绸缪，合理分工，迎接挑战

按照年度工作计划和四国会输气量安排，GCS 站将利用上游气田检修的窗口期，同步开展影响站场运行的维修作业。为此，在布哈拉管理处生产科的指导下，站场提前一个多月筹划作业细节，经过多轮讨论、推敲和比选，最终确定了作业方案。同时，针对作业中可能存在的风险因素，站场有针对性地提前开展了天然气泄漏的专项应急演练和阀门双隔离模拟操作。

此次站场停输作业时间紧、任务重，涉及多处管线打开及吊装作业，安全薄弱点众多，这就要求所有人员既要"身兼数职"，又要"面面俱到"。为了减少交叉作业、吊装、管线打开等风险，在作业准备前期，站场人员反复讨论、不断推演，最终确定了"属地责任、落实到人、科学分工、互监互查"的作业要求。中乌团队通力合作，按照"一中一乌"搭配方式，依据"谁操作、谁恢复"的原则，根据作业区域和工作内容分为了四个小组，并设置了专职安全工程师全程监督指导，确保作业万无一失。由于受疫情影响，在站中乌方员工和外委服务员工明显不足，乌方副站长和设备工程师已经在站工作三个多月，但是他们两个人主动提出推迟休假，这种高度的责任心和工作热情为大家所感动。

骄阳似火，挥汗如雨，忙而不乱

5 月初，加兹里气温逐日攀升。25 日左右最高气温已经达到了 45 摄氏度，酷热难耐，水泥路被晒得泛着点点银光，稍不小心就会被管道的保温铁皮烫伤。

按照调控中心调度指令，25日12：20，站场伴随着压缩机的正常停运，"战斗"打响。中乌团队不顾炎炎烈日，立即有条不紊、按照既定分工开展各项工作。"调控室，流程切换完毕""调控室，放空人员就位""调控室，注氮车正常工作"……伴随着一条条信息的收集，站控室工程师王伟和乌方同事有序记录，监控各类参数变化，汇报调控中心节点信息。高广越工程师作为作业的专职安全员，全程严格监督规范作业，及时消除隐患，将作业风险降到最低。副站长丁振军紧盯现场，监护现场放空和氮气置换作业，直到下午四点钟置换合格后，才回到站控室休息，面部因长时间"烧烤"，满脸通红，痱子片片。左栋站长全程把控作业进度、保障作业安全，不断穿梭于各个作业现场，烈日下随处可见他奔波的身影，一天下来后知后觉的他才发现双脚已磨出四个水泡。中乌团队为了节省作业时间，争取有利时机，与时间赛跑，冒着高温穿梭在站场各个区域，以最快速度完成工艺流程切换、全站放空和氮气置换作业，为后续作业预留出更多时间。

"大家搭把手，卸下来液压扳手。"维抢修中心蔡世庆工程师招呼道，"为了节省时间就不等叉车了。"近二百公斤的设备中乌员工合力安装就位，随后的"硬仗"打响。拆卸螺栓、法兰扩张、阀门移位、新阀吊装与对口、螺栓紧固等一系列工作，在维抢修中心中乌工程师团队协力下，有序而又紧张地开展，没有一个人要求因炎热而休息，大家加班加点以高涨的热情投入到火热的"战场"中。连续三天的长时间作业，多名中乌同事出现不同程度的脱水及中暑现象，但没

中乌员工正在检查调压撬压力

有一个人喊累、没有一个人退缩，按照管理处既定要求提前圆满完成各项工作。

合资平台，深入融合，彰显精神

"站场是公司的最基层单元，也是最重要的地方"。作为基层工作的普通一员，我见证了中乌团队共同融合和精益求精的工作精神。作为跨国运行管道，如何在基层建立中乌方普适的文化理念，一直是加兹里追求的目标。长期以来站场中乌团队建立了互相尊重、共同进步、争取更优的工作友谊和目标，各项工作以合资公司为平台，以实现理念的统一为根本，以技术的落实为出发点，以运行安全的保障为统领，稳步推进站场层面区域文化和管理特点的形成，从而为长远的管道安全平稳运行打下坚实的基础。此次的站场停输大型作业是中乌团队工作的一个缩影，充分展现了站场团队良好的精神风貌、优异的合作精神、强烈的担当、忘我的工作热情，合资公司的合金文化得以很好地体现。

中乌天然气管道合资公司的领导都说："此次的疫情是一面镜子，能客观反映大家的工作状态。"站场中乌团队面对困难没有退缩，面对难题没有推脱，面对疫情没有回避，大家以作业安全为目标，圆满地做好各项工作。作业只是一时，运行而是长久。此次"战役"已经落幕，即将踏上新的稳定运行征程，大家总结道，将以此次磨练为契机，进一步深化跨文化交流和共融，为更好地做好站场工作而不懈努力。

飘来的压力·中乌天然气管道站场

共享篇

把爱带给吉尔吉斯斯坦

◎ 中吉天然气管道有限公司

2013 年 9 月 11 日，中国国家主席习近平在吉尔吉斯出席上合组织峰会期间，中吉两国政府签署《中华人民共和国政府与吉尔吉斯共和国政府关于中吉天然气管道建设运营的合作协议》（以下简称《政府间协议》），决定在吉尔吉斯建设和运营一条过境天然气管道，输送土库曼斯坦生产的天然气至中国，即中吉天然气管道。

中吉天然气管道有限公司高度重视使用和培养当地人力资源，尊重当地文化和风俗，努力建立良好社区关系，积极履行社会责任，赢得了当地人民的尊重和欢迎。

慰问儿童福利院

2017 年 8 月 18 日，总经理关新来一行六人代表中吉管道公司为吉国 Belovodsk 福利院的孤残儿童送去了 9.75 万索姆的日用品以及一些学习用品，表达公司对福利院儿童的爱心和关怀。参与慰问的中方员工还自行为儿童购买了一些糖果、饼干和饮料，献上了自己的一份爱心。

Belovodsk 儿童福利院是吉尔吉斯劳动和社会发展部下设的一家神经疾病儿童福利院，有来自比什凯克、托克马克、奥什等吉尔吉斯各个地区 4-18 岁的孤残儿童。该儿童福利院主要依靠国家预算保障，不足的经费通过募捐弥补。2017 年 5 月初，公司收到福利院发来的募捐函后，对福利院的情况进行了了解和核实，在得知部分儿童需要帮助时，经请示公司总部获得批准后，积极行动，精心安排，组织了这次慰问活动。

开展当地员工培训

中吉天然气管道有限公司高度重视使用和培养当地人力资源，聘用了大部分属地员工，承担的角色主要有公司高级顾问、技术、财务、法律、行政、翻译人员等。通过认真研究当地人员的文化素养、知识结构、技术技能水平，制定了切实可行的员工本土化推进模式和实施方案，加强属地员工培训力度，不断提升属地员工业务素质和能力，满足岗位需要。

一方面，充分利用社会优良资源开展培训。2015年 9 月和 2018 年 4 月，先后选派 11 名当地员工赴中国参加上海合作组织成员国公共行政管理研修班和防恐研修班，学习先进的项目管理经验。提供培训经费，支持和鼓励当地员工利用业余时间自主参加各类技能培训。截至目前，共有 24 人次分别参加了财务、税收、

天山牧歌·秋·吉尔吉斯斯坦风光

合规等方面的 19 项技能培训。

另一方面，充分利用自有资源开展培训。2017 年，从实际情况出发，以"强化技能提升、满足岗位需要"为目标，制定了当地员工管道知识系列培训计划。中方各专业骨干人员在紧张的工作之余，精心准备了培训课件，公司多名领导也亲临讲台向当地员工授课，先后举办 8 个专题培训会，累计参加人数达 200 多人次，内容涵盖世界天然气管道介绍、管道工程概况、管道工艺及设备、施工组织、施工技术与机具、EPC 合同管理以及 HSE 管理体系等。通过培训，当地员工了解和认识了管道工程建设基础参数、建设程序和设计的主要工作内容，基本建立起了系统的管道工程建设概念，拓展了视野，提升了技能。

校企联合培养留学生

着眼于未来的管道运行管理，中吉天然气管道有限公司提前布局，采取"校企合作、定向委培"模式。2018 年 5 月，公司总经理亲自率队赴管道沿线奥什州地区组织开展三场招生宣讲会，依据留学对象选拔条件和高考成绩选拔 30 名优秀应届高中毕业生，派往中国的西安石油大学进行为期四年的油气工程专业本科学习，培养压缩机、仪表及自动化、机械、电力、阴保和 HSE 等方面的工程师，学成后到项目驻吉国分公司从事管道运行管理工作。

公司在比什凯克为这 30 名留学生们举行了隆重的欢送会，随后公司总经理亲自带队将留学生们送到西安石油大学，并举行了隆重的开学典礼。公司与学

2018 年 9 月 12 日，中吉天然气管道有限公司与西安石油大学校企联合培养留学生项目签约仪式暨开学典礼

校保持密切沟通，重视留学生管理，留学生第一学年汉语学习成绩优异，生活状态和精神风貌良好，得到学校老师认可和称赞。校企联合培养留学生，由中吉天然气管道有限公司承担学生在校期间的全部学习和生活费用，学生学成后则返回吉国从事管道运行管理工作，为管道后续的运行管理提供人才储备。

中油国际管道在"高山之国"

◎ 中塔天然气管道有限公司

塔吉克斯坦塔国素有"高山之国"之称，93% 为山区。中塔天然气管道有限公司（TTGP）开工后带动塔国相关产业发展。中塔管道公司为当地社会公益事业的投入也很可观。

环境理念零污染

中塔天然气管道有限公司的环境理念是零污染，在执行过程中严格遵守这一目标和理念。2016 年，在隧道详勘实施工作中，公司高度重视自然环境保护工作，没有发生任何环境有关事件。近两年，在 1 号隧道施工过程中，严格遵守塔国法律法规要求，制定生产生活环境保护管理程序，生活和生产垃圾及时清理，并由专业公司统一回收和处理，整个作业过程未发生任何环境污染和环境破坏事件，受到塔国政府相关部委的认可和好评。

2016 年隧道详勘作业，在进入现场开展作业前，相关工作人员对钻探点的原始地貌进行拍照存档，作业过程中反复提醒并督促施工人员注意环境保护工作，钻探作业结束后，及时清理作业场地，恢复地表地貌，再次进行拍照并与原始地貌照片进行对比找差距并进行修复完善。做到钻探作业前、中、后都有记录和照片，确保隧道详勘作业没有对环境造成破坏或影响。

为当地社会作贡献

　　作为塔吉克斯坦最大的外商投资企业，TTGP 自成立之日起至 2018 年 12 月 31 日，累计完成投资 7008 万美元，累计向塔国交纳各类税费 680 万美元，

2016 年，中塔天然气管道有限公司履行社会责任，赞助塔吉克斯坦当地的孤儿学校

后续建设期和运营期预计将交纳税费 12.5 亿美元。与此同时，TTGP 积极参加塔国当地的公益事业，2014 年 3 月 4 日向塔国国家图书馆捐赠图书 1000 余本，先后 4 次援助当地学校，社会公益累计投入 5 万美元。

员工本地化与多元化

目前，TTGP 已招聘 62 名当地雇员，为提升当地雇员的专业及管理水平，TTGPB 为当地雇员开设汉语培训课，先后两次组织当地雇员 40 人次赴中国学习进行为期 3 周的专业知识培训和国内油气管道项目观摩。项目开工后将陆续为塔国培养 90 名专业技术人才。项目建设期将为塔国创造数千个就业岗位，管道投运后将直接提供数百个长期就业岗位，并带动塔国相关产业的发展。

公司倡导尊重、分享、学习和成长的价值观，越来越多的塔吉克籍员工成长为技术和管理骨干。公司举办各种活动，增进不同文化背景的员工间的了解。倡导国际员工入乡随俗，尊重塔吉克当地宗教信仰和文化习俗。

公司坚持"员工生命高于一切"，认真做好各项安保应急措施。公司在塔吉克斯坦开展业务以来，未发生工业生产亡人事故、社会安全亡人事故、环保事故和职业健康事故。

打造校企合作人才培养新模式

在企业人才培养的工作实践中，TTGP 锐意探索

中塔天然气管道有限公司塔方员工在中国青岛市参加专业培训

国际化管道公司校企合作新模式，充分发挥"1年汉语培训＋4年专业学习"人才培养方式的优势，努力打造一个站位未来科学发展、整合多方优势资源、符合企业实际需要的人才培养平台。公司提前布局，组织对塔国属地化管道运维人才进行培养，顺利完成首批30名塔国优秀高中毕业生的选拔和派遣留学工作。为了优质高效地完成好首批赴华留学人员的选拔工作，通过对国内在外国留学生培养特别是油气储运专业教学方面各高校的充分调研了解，经过竞标综合比选，最终选择与西安石油大学展开合作，共同培养首批塔国专业技术人才。

2017年8月26日，首批赴华塔国留学生欢送仪式在杜尚别隆重举办；10月10日，留学生开班仪式在西安石油大学隆重举行。各大媒体对塔国留学生赴华学习进行了专题报道，引发了热烈的社会反响。

为了加强留学生管理，在制定印发合资公司属地化人才培养制度的基础上，公司与西安石油大学国际教育学院充分沟通协作，建立了一整套塔国留学生管理制度，每月专题汇报学生学习生活情况，定期组织学生进行学习考核、素能测评，结合每一名学生的不同特点，有针对性地强化学习培训。安排人力资源部专人负责留学生培养工作，督导和协助学校方面加强学生教育，通过建立微信群、电话咨询等方式，了解掌握学生学习生活情况，及时给予学生帮助指导，从各方面为学生创造良好的学习条件。

像保护天鹅那样保护乌兹别克斯坦

◎ 中乌天然气管道合资公司

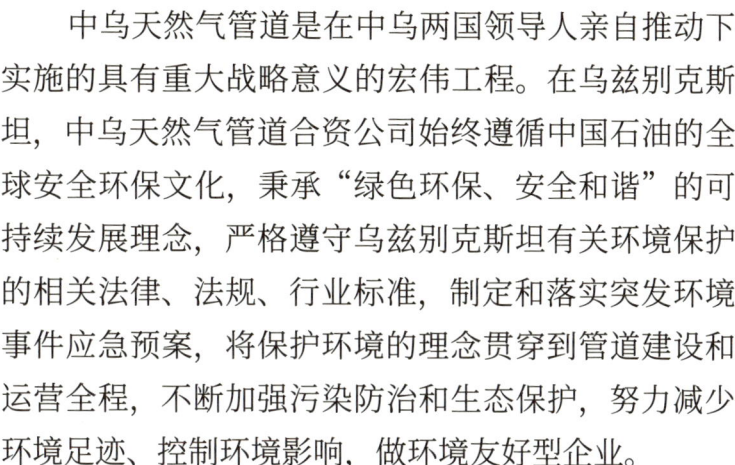

中乌天然气管道是在中乌两国领导人亲自推动下实施的具有重大战略意义的宏伟工程。在乌兹别克斯坦，中乌天然气管道合资公司始终遵循中国石油的全球安全环保文化，秉承"绿色环保、安全和谐"的可持续发展理念，严格遵守乌兹别克斯坦有关环境保护的相关法律、法规、行业标准，制定和落实突发环境事件应急预案，将保护环境的理念贯穿到管道建设和运营全程，不断加强污染防治和生态保护，努力减少环境足迹、控制环境影响，做环境友好型企业。

生态植被恢复

在管道建设期，中乌天然气管道合资公司就着眼于管道沿线的生态植被恢复工作，提前谋划，制定科学的生态恢复措施，在管道施工过后，在管线施工沿线人工播撒草籽，恢复当地植被。在流沙区 10 处地段，采用国内西部治沙措施和方法，铺设 58119 平方米的方格草固沙工作，并在方格内种植适合当地环境生长的植物，有效地起到了防风固沙作用，一方面保护了

中乌天然气管道沿线实施方格草固沙措施，有效促进环保

管线，一方面治理了该区域流沙侵蚀问题，对该地区环保贡献明显。

保护水资源

中乌天然气管道单线全长 529 公里，纵向穿越乌兹别克斯坦，管道所经区域基本为荒漠半荒漠地带，由于乌兹别克斯坦常年干旱，水资源极为珍贵。管道沿线所经水渠大多为人造渠，为当地重要水源通道。为了不破坏水渠结构，避免施工期间对水资源造成污染，沿线 11 条主要河渠都采取了跨越方式而非大开挖方式对河流和河渠进行穿越，减少了对河流的扰动和环境影响。

在生产生活中，公司始终注意节约用水，生活废

中乌天然气管道公司特别注意保护管道沿线水资源，减少对河流影响。图为中乌管道水渠跨越

水利用污水处理系统处理，形成较为清洁的水作为生活区的绿化用水，绿化成果显著；管道建设所需土地资源按照乌国管道建设标准报批获得使用许可，在管道施工过程中合理使用并做好水土保持和环境保护。

救助野生天鹅

2017 年 12 月 17 日，中乌天然气管道 WKC3 站员工在巡检过程中发现站内多了几只"不速之客"，经确认后，发现原来是六只美丽的白天鹅。站场员工一方面将情况向纳沃伊环保部门报告，另一方面对天鹅进行了外观检查，发现没有受伤后，开始搭建临时棚舍，并给天鹅们准备了水和食物。接到情况报告后，所在州环保部门人员赶赴 WKC3 站，确认这些天鹅是

中乌天然气管道站场乌方员工放生野生动物

因为长途飞行，偶遇低温、大雾天气等原因无法继续飞行而掉落到压缩机站内。在中方员工的保护和积极配合下，环保部门将这些天鹅送至乌国境内的一处天然湖泊放生，实现了人与自然的和谐共处。

中乌天然气管道的建设符合中国及中亚各国的根本利益。管道的建设对增加资源国和过境国的收入，带动沿线地区基本设施建设和资源发展，促进当地天然气资源的开发投资，革新当地设备制造，推动工程建设行业发展等都具有重大意义。同时，合资公司在积极培养专业技术人才、促进相关技术进步、增加当地就业机会、促进经济繁荣与政治稳定等方面都发挥了积极作用，对改善沿线人民的生活，加强中乌人民的友谊，增强中乌能源合作、推进"一带一路"建设作出了重要的贡献。

走出大山的孩子们

◎ 孔林
中油国际管道公司

2017 年 10 月 16 日一大早，CCTV 中文国际频道"远方的家"塔国行节目摄制组乘着清晨的薄雾，开始了新一天的忙碌。他们此次要去的地方是距离塔吉克斯坦首都杜尚别市 300 千米的塔吉卡巴德地区，此行的重要目的是对一名塔国赴华留学生进行家访。塔国的山路九曲回环，经过一路的颠簸，在乘车近 4 小时后，采访组一行终于到了学生家里。这名学生叫萨恰洛夫·阿里沙尔（Saijalov Alisher），他是 TTGP（中塔天然气管道公司）2017 年选拔的 30 名塔国赴华留学生中的一员，目前正在西安石油大学学习汉语。他的父母接受了 CCTV 摄制组的采访，"喜悦""感激"和对未来生活的美好期望贯穿于这一家人的整个谈话。

萨恰洛夫·阿里沙尔的家位于山里的一个小村子，生活来源主要靠种地。他还有一个哥哥和两个妹妹，一家人的生活非常拮据。当了解到这一情况后，TTGP 公司为他和其他生活困难的十几个孩子解决了车费和食宿。在 TTGP 今年选拔的 30 名学生中，跟萨恰洛

塔吉克斯坦风光

夫·阿里沙尔一样家境不好的孩子还有一些。"能够被 TTGP 公司选中派到中国留学，将来参与中亚天然气管道 D 线建设，对我们这个家而言是莫大的喜事，看到孩子的未来充满希望，我们非常高兴！"萨恰洛夫·阿里沙尔的父亲对记者说。

　　TTGP 公司选拔大学生的事情在当地引起了不小的轰动。以前都是政府教育部门根据中塔两国留学政策选拔赴华留学生，由企业来大规模选拔学生在塔国历史上这还是第一次，以至于当初接到面试电话通知的时候，很多家长都不敢相信自己的耳朵，疑惑地问工作人员："这是真的吗？"相较于政府层面，企业选拔培养国际化人才的优势在于：不仅给予资源国学生到中国留学提升的机会，还为他们未来的职业生涯

早早地铺好了路。"TTGP 是我们国家目前有名的合资企业，孩子将来学成归来有机会到那里工作，没有比这更美妙的事情了，这将是一份好工作！能够从我们这个地方走出去，到外面闯一闯，将影响孩子的一生。"萨恰洛夫·阿里沙尔的母亲脸上洋溢着满满的幸福。

无论在哪里，能有一份体面的、稳定的、高收入的工作都十分难得。萨恰洛夫·阿里沙尔非常珍惜这次留学机会，学习很用功，到中国不到一个月时间，就能进行简单的汉语交流，还能用微信发消息，虽然个别用词稍显蹩脚。其他学生也一样刻苦，他们与萨恰洛夫·阿里沙尔有着相似的境遇和理想，身上肩负着沉甸甸的责任，他们知道不能辜负父母的叮嘱和企

走出大山的孩子们

中塔天然气管道有限公司自成立以来，不断促进用工本土化、多元文化融合和员工的全面发展。图为中塔员工在沟通交流

业的期望。

TTGP 将为塔国培养 90 名管道运行专业技术人才。今年选拔的 30 人是第一批培养的人才，被分成了 A、B 两个班级，分别在西安石油大学和天津大学学习汉语，一年后集中到西安石油大学学习 4 年的专业课。根据项目建设计划，2022 年 30 名学生将完成 5 年学业，被派到管道沿线工作。从 2017 年开始，结合项目建设进度节奏，TTGP 将分批次完成 90 名人才的培养工作。为了更好地布局未来管道运维管理，TTGP 在选拔学生之时，就确定了一个政策，即从管道沿线地区选拔人才，以便将来就近安排工作。离家近，对员工而言，是一种方便，一种关怀；对企业来说，也便于制订科学的倒班模式，促进生产。

"这些孩子都是好苗子，我们一定好好培养，让他们在中国的大学里学到有用的知识，提高各方面素质，以后回来好好工作，为企业的发展、为塔吉克斯坦国家建设做出积极贡献！让这些孩子快速地成长成才，既是你们家长的心愿，也是我们企业的责任，请各位家长放心！"TTGP公司总经理刘涛在企业与学生签署培养合同时，对全体学生家长讲道。

　　考虑到学生的家庭困难，TTGP承担了学生在华留学期间的相关费用，包括学费、住宿费、生活费、交通费等，努力给学生营造一个良好的学习环境，让家长们吃下一颗"定心丸"。同时，在大力争取下，西安石油大学为15名学生提供了中国政府留学奖学金。

　　好的机会，总会有很多人争取。选拔大学生这件事情也是如此。为了保证选拔的公平公正性，能够真正选拔出合格的人才，TTGP利用塔国高中毕业统考刚刚结束的契机，在塔方股东的积极协助下，获得了由塔国考试中心提供的百名成绩优秀学生名单。对这些学生进行了系统的语言、专业面试，通过综合打分排序，择优录取表现最好的30人。伊莫·纳斯鲁拉耶夫（Nasrulaev Ismoil）是这些学生的代表，他的综合排名位居第一，成为留学生班长，在赴华留学生欢送仪式上做了典型发言，获得了与会嘉宾的赞誉。西安石油大学在学校本部举办的留学生开班仪式中，也专门安排他代表所有留学生进行了发言。

　　"从孩子们的话语之中能够感受到他们对出国留学的渴望，这使我对自己所做的工作更加充满责任感和使命感，因为我们的工作关乎着这些孩子的命运，也关乎着项目能否顺利实现高水平的国际化运营！"TTGP人力资源部副经理郑海峰谈道。作为此次塔国赴华留学生选拔工作的具体组织者，他全程参与了学生选拔派遣的整个过程。2017年，因为8月初要完成中国政府赴华留学奖学金的申报，留给大学生选拔工作的时间只有两周，时间十分紧迫。

在这个时刻，孩子们的事情就是最重要的事情，绝不能含糊。TTGP管理层迅速行动，召开会议，周密部署。人力资源部在人手紧张的情况下，集中精干力量，加班加点开展工作，对千头万绪的选拔事宜做了系统梳理，有针对性地进行工作部署，建立配套的人才培养制度，突出简明高效制定选拔程序、工作表格，把各项基础工作做扎实。与此同时，抓紧时间与塔方股东充分沟通，奔波往返于当地政府部门，努力确保各方协调一致，共同推进。虽然时间短暂有限，但选拔工作因为组织用心，井然有序，高效开展。大学生选拔工作的顺利落实，让塔国政府以及学生和家长都感受到了TTGP的职业和高效，展现了现代国际化企业的风采，也增进了他们对企业的信任。"你们是一家值得信赖的公司，我对你们培养我的孩子很放心！"一位家长在座谈会上由衷地说。

中国有句俗话："再穷不能穷了教育，再苦不能苦了孩子。"塔国当地也有类似的说法。在孩子的教育问题上，无论哪个国家，家长的想法都是相近的。企业是社会的一员，扮演着重要角色，助力公益和教育是企业的一份责任。站在企业角度来看，培养属地化人才有利于国际化经营管理，为未来健康发展打下坚实基础，同时这也是积极参与社会公益的具体体现，是促进当地经济社会长远发展最有效的措施。在这方面，TTGP责无旁贷，任重道远。这些从大山里走出来的孩子，他们受益于中国政府"一带一路"政策，受益于中油国际管道公司在中亚地区的蓬勃发展，同时他们也承载着企业未来的希望，承载着他们背后的家庭乃至国家的期望。由衷希望这些孩子快快地成长，在学习中不断积累进步，早日学成，在未来的工作岗位上散发出耀眼的光和热！

中乌天然气管道站场

一幅宣传画背后的故事

◎ 程博
中哈天然气管道合资公司

2020 年，突如其来的新型冠状病毒引发的肺炎疫情在全球各地爆发。一时间，在中国和全世界各个角落，所有人都以各种形式表达对疫情地区加油声援，位于哈萨克斯坦的中哈天然气管道合资公司（AGP）的中哈方员工们也不例外。当大家得知中方员工计划为抗击疫情声援加油时，纷纷主动要求加入。

在这样的背景下，一幅反映中哈携手为抗击新冠肺炎疫情祈福加油的宣传画诞生了。宣传画的上方用中哈双语写着"携手加油！"一中一哈两名身穿 AGP 工装戴口罩的卡通人物，象征着新冠肺炎疫情期间在基层站队并肩战斗的中哈方工程师牵手擎起"携手加油"的旗帜。在他们身后的两幅反映管道建设和压气站全景的蜡笔画，则是选自 AGP 员工子女绘画大赛作品。宣传画由我和哈方员工别碟力合作设计。

在拍摄这张照片时，人力资源部哈方主管高海主动提出要像宣传画上一样牵起中方同事的手，说这样才更能体现咱们中哈方一起携手加油。廖峻作为人力

中哈天然气管道公司的中哈员工携手为两国抗击新冠肺炎疫情祈福加油

资源部门唯一在岗中方人员，正是在部门哈方伙伴们的鼎力协助下，才得以快速妥善处理新冠肺炎疫情带来的中方人员签证加急办理等一系列紧急事宜。在哈国出现新冠肺炎疫情后，廖峻和其他中方同事们又积极向哈方宣传介绍中国以及中油国际管道公司抗击疫情的经验和措施。

行政部的哈方同事们关切地询问金娜的孩子情况，学校是否停课了，还叮嘱她少出门多运动。金娜与哈方同事们一起第一时间组织对合资公司机关和站队进行消杀防疫，配备防疫物资。

文控部哈方经理阿依古丽请我帮忙转达对曾经一起共事过、现已调回中国的同事们的问候和关心。在哈国出现疫情后，各部门按比例安排人员值班时，考虑到部门女同事居多，需要在家兼顾照看停课孩子，我主动提出自己留在办公室替她们值班。

新冠肺炎疫情期间，HSE 部中方经理杭瑞与哈方

中哈天然气管道公司 CS1 站中外员工携手抗击新冠肺炎疫情

全体同事们精心策划疫情防控措施，组织防疫物资采购，团结协作，共同战疫！奇姆肯特管理处的哈方同事了解中国新冠肺炎疫情后，纷纷对中方同事表达关心和问候。哈方电气组长特列根诺夫在与中方同事每日早晨的见面问候时，总要加一句"家人怎么样了？"管理处中哈方员工 3 月份专门组织了联合植树活动，表达了同心协力战胜新冠肺炎疫情的决心和愿望。

患难见真情。新冠肺炎疫情期间，这幅宣传画以这样暖心合影的形式传遍了 AGP 阿拉木图机关和 1300 公里管道沿线，展示了在"平等、尊重、互利、共赢"的企业文化精神指引下形成的团结和谐氛围，承载了中哈方携手共绘同心圆、同舟共济战疫情的决心和信心。

联合抗疫就看"北方四站"

◎ 林维伟 韩辰 王跃洪 陈文 王海浩
中乌天然气管道合资公司

沿着中乌天然气管道的走向，来到了位于乌兹别克斯坦北部的纳沃伊州。这个州南与布哈拉州相邻，北与哈萨克斯坦接壤，全州大部分地区被沙漠覆盖，蕴藏着丰富的天然气和贵金属资源。在纳沃伊州，坐落着中乌天然气管道两座压气站场 UCS3 站和 WKC3 站，以及两座计量站场 UKMS 站和 MS 站。由于特殊的地理位置，被中乌管道人戏称为"北方四站"。疫情爆发以来，"北方四站"严格贯彻中乌合资公司疫情防控各项部署，结合自身情况，全力开展中乌联合抗疫和就地防疫，成效显著，充分展现了中乌管道人的坚毅气质。

UCS3 站：心之所向，素履以往

近 300 天，不知不觉新冠病毒用自己的方式走遍了世界上的每个角落，地球仿佛正在上演低配版的《末日求生》，没有一个人甚至一个国家能够免于病毒带来的影响。中乌天然气管道 UCS3 站伫立于广袤的中

中乌天然气管道项目戈壁丘陵施工

亚沙漠之中，按道理来讲，这遥遥戈壁正是抵御病毒的最好屏障，但它却用另一种方式向我们发起了挑战。场站是我们的抗疫大船，多名乌方同事因疫情原因无法及时到站参加倒班，人员补充渠道也被病毒切断，最后，我们便成为了中乌管道的最后防线。在这紧要关头，涅槃重生出新的抗疫力量。

UCS3站副站长王成祥，勇挑重担成为技术先锋，乌方唯一的一名自控工程师萨赫卜江·拉赫玛诺夫（Sokhibjon Rakhmonov），也是在站上的最后一名乌方工程师，不谋而合成为站场运行新动力。站场生产运行有他们，牢牢掌握生产数据动态，合理调整生产工艺流程，孜孜不倦；设备保养依靠他们，修整设备运行参数，调整好每一个间隙，把握好每一个比例；制定疫情防控措施，联合抗疫中时时有他们的身影出现。当时，站场实行网格化管理——就是把不同类别的人员安排到不同的工作生活区域，产生相对隔离的效果，在站场的表现就是重点保护一线员工。因为语言契合度比较高，他们成为了站场网格化管理的先行者，并第一时间引领在站中乌双方员工迅速进入抗疫角色。中乌双方合力抗疫是当下的最优解，只有齐心协力，才能共渡难关，中乌双方员工也共同期盼战疫胜利之日早日到来，心之所向，素履以往。

WKC3 站：有种尽责叫"有事您叫我"

在站医务室查看了最新的人员体温测量数据，检查完员工口罩佩戴情况，与站长陈文沟通完一天的主要工作安排后，WKC3 站副站长扎米尔·马梅多夫（Zamir Mamedov）说了句"有事您叫我"之后，又投入了新一天的工作中。

疫情发生以来，这已经是他在站申请连续工作的第三个月。这对于当地人来说，是非常不容易的。中乌合资公司为保障员工安全，自 3 月份起已启动防疫应急预案。为了有效防控，减少人员密度，最大程度降低人员聚集感染的风险，布哈拉输气管理处对站场人员进行了最低配置。没有 HSE 工程师，扎米尔兼职；没有库管，扎米尔兼职；没有翻译，还是扎米尔兼职，一人身兼多岗却毫无怨言。平日里，他喜欢学习中文，疫情防控期间他说得最溜的中文就是"有事您叫我！"

中乌天然气管道站场员工对 CC401 机组发动机进行检查

按照疫情期间要求，协助站长现场值守，严格落实出入测温，检查全员佩戴口罩，及时上报站场人员健康状况，"有事您叫我！"加强办公区域卫生消杀、限制聚集性活动、制定分散或隔离办公措施，为站场的安全防控出谋划策，"有事您叫我！"制定疫情应急处置预案，组织员工宣贯演练，检查管理防疫物资，"有事您叫我！"

除了完成这些工作任务，员工超期工作会感觉疲劳和出现思想波动，对乌方员工进行思想沟通，想方设法调节大家的情绪保障工作状态。由于语言沟通的问题，乌方几十号员工只能由他来负责，没有问题，"有事您叫我！"

新型冠状病毒感染的肺炎疫情席卷而来，WKC3 站现场人员不仅要完成生产任务，还需要消耗大量精力在疫情防控上，宣贯病毒防疫知识，排查站场防控漏洞和风险，落实公司和管理处各项防控要求，各项工作都能看到他的身影，听到最多的话就是"有事您叫我！"

这场突发的疫情打破了原本正常的生产生活秩序，疫情发展令人担心。一句"有事您叫我"正是在用行动诠释尽职尽责，让人放心和安心。也正是有许多扎米尔这样的员工，齐心协力，抛弃个人困难，战斗在自己的岗位上，才确保了站场员工身体健康和生产平稳运行。

UKMS 站：中乌管道守护者

随着新冠肺炎疫情在乌国蔓延，每日确诊人数持续不减，疫情防控进入最吃紧的时刻。根据中乌合资公司疫情防控领导小组的总体要求，在塔什干及布哈拉管理处各级领导的组织下，UKMS 站中方人员牵头编制了《站场疫情防控网格化管理区域要求》。

由于此时乌方副站长不在岗，设备工程师兀鲁别克·哈季莫夫（Ulugbek Khakimov）临危受命，迎难而上，扮演了多重角色。他既是代理副站长，又是设备工程师、HSE 工程师；既要协助中方站长对乌方人员进行疫情防控网格化管理，又要根据生产任务组织乌方人员开展站场设备维护工作。他深刻领会中方与合资公司疫情防控的各项防疫措施与规定，在站场及倒班村张贴网格化区域管理表，并一遍又一遍耐心地向乌方员工解释站场疫情网格化防控管理方案，监督落实各项管理细节，以高度的责任心完成各项工作任务。

"外防输入，内防感染"，送菜车、垃圾车及司机等外来人员、车辆是防控的重点。每当有外来人员和车辆到站时，兀鲁别克总是第一时间到达现场，监督落实消杀、无接触、戴口罩、手套、护目镜等防疫各项要求，降低外来风险。他坚持每天一次给倒班在家的乌方同事打电话，询问他们及家人的体温、身体健康、外出情况，并详细记录，定时上报站长及乌方领导，充分展现了中乌管道守护者那份坚定的责任心。

MS 站：无惧困难，携手抗疫

　　随着疫情的发展变化，中乌合资公司为了员工的安全开始全面推行疫情防控网格化管理。为了尽快让网格化管理落地 MS 计量站，中方员工在下班时间继续加班，编写并翻译疫情防控网格化管理方案和区域要求。人员不足时间补，终于按时完成编写和翻译工作，让网格化管理及时开展。

　　网格化管理的执行需要中乌双方的共同努力，乌方副站长不在岗，设备工程师达米尔·阿卜赛夫（Damir Abusev）临危受命，成为乌方临时负责人，这也是网络化管理承上启下的重要一环。倒班村没有中方人员，

他是区域的第一负责人，肩负重要使命；站场他是"联络官"，负责各种事物的联络交流。网格化管理要求人员减少接触，不同类别人员尽量不接触，能电话视频联系就不当面联系，而他却是接触不同类别人员最多的人。中方负责人将管理要求、故障处理方法等电话传达给他，他再根据工作需要电话通知不同类别人员负责人，将信息一级一级传达下去。乌方发现的问题、体温测试结果等信息也通过他用同样方式传达给中方，需要传递的文件也大多通过他和中方负责人进行交接。他的尽职尽责让网格化管理在 MS 站顺利落地。

网格化管理保证了员工健康安全，"联络官"达米尔就像一张网，又把每个员工个体链接起来，成为整体，保证了工作和生活的正常运转。达米尔不愧为MS 站的"联络官"，好样的！

合资公司进入一级应急响应，标志着防疫工作进入到最困难也最关键的时期，人员的短缺成为最大的难题。人员最少时，MS 站工作人员仅剩 2 名中方员工、2 名乌方调度，1 名乌方设备工程师和 3 名外委人员。尤其在警察倒班的第一周隔离期间，站控室、站场警卫室和倒班村警卫室三个地点都需要人员倒班职守，

中乌天然气管道 WKC3 站

中乌天然气管道站场

中乌天然气管道员工坚持做好疫情防护工作

调度、乌方工程师和外委人员负责倒班轮岗，中方人员负责站场生产运行以及故障处理和调度人员不足时的替班后补。人员的不足让原有的"三班两倒"工作变成了"两班两倒"，站场"孤岛式"隔离有效地隔离了疫情，防疫消杀工作也由外委变为自主进行，并相应地提高了消杀频次，随之而来的是工作量也相应提高了。"人手不足时间补"，很多工作都是在员工下班后加班加点完成的。

　　工作时间的延长让人显得疲惫，但MS站全员却一直保持着旺盛的精神头，乌方有人累了中方随时顶上，所有工作不分专业，人人都是"跨专业的技术能手"。中乌双方携起手，克服困难，共同抗疫，相信一定会以这份"齐心"战胜病毒！

首届海外属地员工职业技能竞赛侧记

◎ 王明东　杨峰　杜涛　李朝辉　康勇　高吉发
秦阳　王伟　等
中油国际管道公司

　　2021 年，为搭建技能交流和增进友谊的平台，促进技能融通、民心相通，实现更高水平互利共赢，中国石油天然气集团有限公司举办首届海外属地员工职业技能竞赛。中油国际管道公司作为承办单位，与中哈天然气管道合资公司（Asia Gas Pipeline LLP, AGP）、中乌天然气管道合资公司（JV Asia Trans Gas LLC, ATG）、哈国南线天然气管道合资公司（Beineu-Shymkent Gas Pipeline LLP, BSGP）、东南亚天然气管道有限公司（South-East Asia Gas Pipeline Company LimitedS, EAGP）在中国·北京、哈萨克斯坦·阿拉木图、缅甸·曼德勒、乌兹别克斯坦·布哈拉四地全力以赴做好各项筹备工作。

　　合资公司高度重视，与竞赛组委会紧密联系，各部门通力协作，有序推进筹备工作，包括制定筹备方案，启动平台采购和运输，布置竞赛场地，调试通信设备，选拔培训参赛选手，做好疫情防控，等等。

最终，从 3000 余名员工选拔出的 32 名优秀选手，以云端参赛的方式参加天然气管道站场运行电气与自控两个专业方向的比赛。6 月 21 日竞赛正式拉开帷幕，6 月 24 日竞赛圆满闭幕，参赛选手均取得优异成绩，裁判专家团队对参赛选手进行了技术点评并给予高度评价。

积极备战

荣誉的背后离不开选手的辛勤努力和各方的大力协作。由于是在疫情这个特殊时期采用视频这个特别的竞赛方式，一切都是新生事物，一切都是新的挑战。这场形式新颖、紧张激烈的技能比武，体现出了整个竞赛团队的综合水平与精神风貌。

2021 年 3 月，AGP 接到竞赛通知后，立即与哈方商谈，并由中哈方一起将其列入 2021 年重点工作，统筹安排，确保竞赛工作高效实施。公司对参赛队员、教练队伍及助理裁判进行严格选拔，形成最佳的参赛及教练团队。

为提高培训质量，参赛队员及教练提前 1 个月进行集中培训，全身心投入到教、学、练的相关准备工作中。管理团队高度重视疫情防控工作，确保参赛选手、教练团队以及服务人员的绝对安全。

此次竞赛是通过线上方式进行，网络也成为比赛能否顺利进行的关键因素。公司对比赛期间的备用网络进行拓宽，确保了备用网络可靠、畅通。竞赛场地选择在空间比较开阔的大型车库内，为确保参赛环境符合竞赛要求，相关保障小组全员出动。

中哈天然气管道合资公司参赛代表合影

同样的故事，也涌现在各个项目、各个赛场。

在 BSGP，合资公司各部门密切配合，全力筹备，结合哈国疫情实际，多次模拟赛场布置。5 月 18 日设备到场，BSGP 立即组成专家队伍，进行设备核验接收和安装调试工作，按竞赛方案和图纸核对验收，历时一周迅速将设备组装完整，投入演练状态。合资公司选出三位技能高超、经验丰富的专家为 8 位参赛选手开展赛前培训。参赛选手们备赛情绪高昂，除每天超计划完成各项培训任务外，周末也坚持培训，做好了充足的赛前准备。

在 ATG 中乌合资公司，为竞赛精挑细选的 10 名属地员工粗成一支干练的队伍进驻中乌合资公司 WKC2&GCS 站，在站上等待他们的，除了 4 名中方自控和电气专家教练，还有为期 30 天的封闭集训。当

中乌天然气管道合资公司比赛现场

竞赛用的设备到现场后，大家结合现场的实际，合理规划安装，通过头脑风暴解决了多个问题。

赛场风云

严守纪律，冷静作答，认真操作……在三天紧张激烈的竞赛中，参赛选手精神饱满、积极投入，严格遵守赛场规则，展现出了扎实的理论知识和高超的现场操作水平。

6月22日晚上，紧张激烈的电气实操比赛刚刚结束，ATG中乌项目比赛场地的工作人员们又开始忙

哈国南线天然气管道合资公司比赛现场

碌，以完成第二天的自控实操比赛场地布置和设施调试。大家分批去扒拉几口饭，调整一下勒得耳朵发疼的 N95 口罩带子，继续回到场地进行准备。

场地的一边，自控教练团总教头董永卿师傅在给明天上场的选手们进行最后的叮嘱，讲解压力仪表校验过程中需要注意的地方。比赛过程不仅需要完成好项目，还要比拼完成的速度，董师傅耐心地叮嘱大家千万不能着急，先保证质量再说速度。

由于准备充足，他们第二天的比赛合作顺畅，项目结束后的恢复和下一项准备工作也基本是参赛队伍

中哈天然气管道合资公司员工奥夫相尼科夫·阿列克获得电气专业竞赛第 1 名

中最快的。最终，ATG 参赛选手取得个人一金两银、团体比赛银牌的优异成绩。

这次职业技能竞赛为大家提供了一个展示专业技术能力的平台。另一个赛场，在紧张激烈的比赛中，AGP 选手宁心静气、稳扎稳打、精心操作，最终获得了团体第一及优秀教练团队，个人 1 金、2 银、3 铜及 2 个优秀选手的优异成绩。

累累硕果，激励着以 32 参赛选手为代表的数千各中油国际管道海外员工。他们都希望自己出现在下次竞赛的赛场上。

中乌天然气管道合资公司参赛
代表发言

参赛感悟

AGP 选手：

我们每天都会抽出 2 个小时练习，结合平时实际工作，查漏补缺。

BSGP 选手：

感谢公司给我提供这么好的展示平台，让我能有机会和其他国家的兄弟同台竞技。

ATG 选手：

要想在比赛中取得好成绩，只有不断磨炼分析判断和故障排除能力，做到高效正确解决各种技术问题。

SEAGP 选手：

视频参赛的方式对我提出了更高的要求，知识扎实、操作熟练，并且做到知识与技能完美融合，才能在赛场上取得好成绩。

ATG GCS 站电气工程师 Fattoev Kobil：

当我得知自己荣获电气组个人二等奖时，我的心情很激动，因为我知道，这是付出的收获、是属于公司及我的一份荣耀，也是我今后工作的鞭策和动力。

他们都是我的老师。经过对比发现自己与他们的差距，我决心学习他们的优点，用来改善自己、提升自己，我觉得这才是真正的成长。

"金牌教练"与实力选手

◎ 王明东 杜涛 李朝辉
中哈天然气管道合资公司

　　2021年6月21—24日，由中油国际管道公司承办的中国石油首届海外属地员工职业技能竞赛，在三国四地成功举行。以竞赛成功举办为契机，中油国际管道公司将加速海外属地员工职业能力培养，激发海外属地员工钻研业务技能、投身"一带一路"能源合作事业的工作热情。

　　在这次竞赛中，涌现出了一批令人印象深刻的优秀选手和教练，下面我们就来认识其中的几位。

BSGP的"金牌教练"卡纳特

　　在此次职业技能竞赛中，BSGP自控团队选手们取得了团队总分第二，个人1银，2铜的佳绩。成绩取得的背后离不开选手们多年技术知识的学习，离不开选手们一个月的辛勤备战，但更离不开BSGP教练团队的耐心指导、精心安排、"吹毛求疵"般的要求。

　　在教练团队中有这么一位年近50、脾气特别倔强、喜欢琢磨、热爱动手尝试的专家卡纳特先生。他平时热爱专研各项自控技术和知识，其深厚的技术底蕴，将选手们各个理论知识答疑解惑得面面俱到，其倔强的个性，又在实操中把选手们各个动作规范得无可挑剔。

在一个月的集训中，他看到学生们操作、编程，经常忍不住"手痒"，亲自上手捣鼓一番。他这种动手精神，给选手们带来了精彩的演示，方便与选手之间互相"交换"知识和技能，一起构思、一起编程，解决了实操题中的很多难题。

在集训中，会议室的小黑板被他贴上密密麻麻的表格，上面的日程安排从每天9时开始一直到晚上6时，但实际上，他和选手们经常一学习就忘了下班时间，甚至连周末还要加班练习，"无论是选手还是教练团队中每名成员的投入程度，几乎都可以用'疯狂'来形容"。这是哈方运行副总牟罕先生对大家的评价。也正是这种疯狂，让BSGP在这次竞赛中取得了好成绩。

经过比赛磨炼，卡纳特先生和他的学生们对待工作更加热情四溢，精益求精，

同事纷纷点赞的阿列克

"不辛苦，我只是在做好我的本职工作。"这是中哈天然气管道C线3号压气站员工奥夫相尼科夫·阿列克的口头禅。作为CCS3站电气、给排水工程师，从投产之初，他就一直坚守在这里，在这个夏季最高气温45℃和冬季最低气温-32℃的恶劣环境中，人们总是可以看到他马不停歇地投入各项工作的忙碌身影。夜晚宿舍的灯光下，人们又总看到他在伏案耕耘。务

实作风和敢想敢干风格，让他赢得了中哈方同事一致赞赏。

2019年2月的一天，正处在冬季供气的关键时期，阿列克比往常更早来到办公室。当他打开站控 UPS 柜门的时候，发现里面电路板电阻发烫严重，如果不及时处理，UPS 会掉电触发发电机组停机。他冷静地将 UPS 由 1# 切换至 2# 运行，然后打开设备间所有空调为室内降温，随后上报站内领导进行问题处理。在他的努力下，整个冬季保供期间压缩机组、发电机组等关键设备平稳运行，没有出现一次停机问题。正如他常讲的："我们早一点解决难题，就能给生产多一份保障。"

这次为了备战首届职业技能竞赛，他在繁忙的工作中挤出时间钻研专业教材甚至是跨专业的知识和技能。有时候为了处理电气的一个小问题，他都在站里将问题解决了才回去休息。凭借着这股不服输和坚持不懈的劲儿，他在此次竞赛中获得电气专业第 1 名。比赛完他说道："备战竞赛的过程从开始到结束，远比我想象的复杂，每一个方面、每一个环节都有它的作用，环环相扣，坚持不懈，才能取得好的成果。"正是这种实干担当的精神，让他在工作中得到历练并收获丰硕成果。

CCS3 站成员包括哈萨克族、东干族、俄罗斯族、朝鲜族、乌兹别克族、汉族等多个民族，"多输气，输好气"是大家共同的目标。在这里，有许多个"阿列克"在共同努力工作着，坚守在能源输送最前线。

勇于攻坚的纳尔希诺夫·伊扎特

此次职业技能竞赛选手纳尔希诺夫·伊扎特，是中哈天然气管道项目 AB 线 4 号压气站的一名高级电气工程师。从 2011 年站场投产运行开始，十年风风雨雨，不知不觉间他已经从刚到压气站时的"小年轻"成长为技术上的行家里手。

在燃气发电机厂房、MCC 间总是能看到他忙碌的身影，温和的眼神始终点缀着一点坚毅，笑容中洋溢着快乐与满足。他热爱这份工作，从这份辛苦平凡的职业中，感受着成长的快乐。

多年来，他兢兢业业扑在工作上，面对繁多复杂的电气设备保障，他经常奋战在生产最前沿，来确保各种电气设备的稳定运行。一次，燃气发电机组曲轴箱呼吸器排气管因室外温度低，排出的气体凝结堵塞排气管，造成机组停机，他积极查阅资料，主动了解其他压气站的情况，提出改造方案，避免了类似故障的再次发生。每次出现电气故障时，他都第一时间奔赴现场，了解情况，思考解决方案，并总是能高效地解决问题。

他对知识有着强烈的渴望，利用挤出来的时间学习，厚厚的图纸、复杂的电气设备是他成长的养分。通过对设备原理、参数和结构的掌握，他不仅在日常的工作中更加的得心应手，更进一步自主完成十余台次燃气发电机组的维护保养。

纳尔希诺夫·伊扎特是中哈天然气管道项目安全稳定运行的参与者，也是公司发展历程的见证者。

美丽的压气站·中哈天然气管道 CS4 站

管通未来 能源丝路上的故事

共筑连心桥 共绘同心圆

◎ 中哈天然气管道合资公司

　　6条天然气管道、3条原油管道，将中国与中亚、东南亚紧密联系在一起。

　　这9条管道不分昼夜、源源不断地向中国输送着国民经济和社会发展的重要战略物资、经济发展的命脉——油气。

　　中油国际管道公司是这9条管道的管理运营者，也是"一带一路"倡议的先行者和践行者。它倾力将这些管道项目打造成为互利共赢的国际化范本，打造成为传递友好、情谊和幸福的管道，讲好民心相通故事，以新管道折射新时代，促进中亚、中缅命运共同体理念逐渐深入人心，努力画好第三个同心圆。

　　而对于这些，属地员工的孩子看在眼里、记在心里。他们用画的形式表达了自己的真情实感，展示了管道对于当地经济社会发展、国与国之间的交流合作等的贡献。

作者：Махметгали Айсана

这幅图片讲述了土库曼斯坦、乌兹别克斯坦、哈萨克斯坦和中国的合作和友谊。

作者：Gulnaz Sabyr

"中哈天然气管道是友谊、劳动与和平的星球！"
让两个友好国家的旗帜在天空下永远飘扬！

作者：Zhamal Kusman

我妈妈在中哈天然气管道公司工作。她很努力，在工作上下了很大的功夫。感谢我们的父母、中国孩子的父母，天然气管道已经建成并正在发展。

哈萨克斯坦和中国非常友好，所以现在每个人都可以在煤气灶上做美味的食物，在温暖的地方生活和工作。

作者：Amirlan Imanbekov

中哈天然气管道是一个扩大了两国新合作边界的项目。最重要的是，它使各国人民感到舒适，对美好未来充满信心。

作者：Nelly Baranetskaya

由于哈萨克斯坦共和国和中华人民共和国之间的友好关系，生产机会的边界正在扩大。哈萨克斯坦共和国人民福祉不断增进，工业化不断发展，文化经验不断丰富，这有助于增进两个历史悠久的伟大民族的友谊。

丝路国脉上刮起的中国风

◎ 胡宏磊

西北原油管道有限责任公司

　　随着中石油"走出去"战略的不断深入，越来越多的项目在海外落地生根。作为国家"一带一路"能源战略通道的重要组成部分，中亚油气管道在输送能源的同时，也给沿线国家带来了巨大的变化。不同国度的差异，不同文化的碰撞，中哈合作伙伴之间的故事悄然上演，携手共同描绘着中哈友谊最美画卷。

初识哈国朋友

　　那已经是疫情前的事了。我按照公司安排来到哈萨克斯坦阿拉木图工作，那段时间里发生了一些令我难忘的事情。

　　"胡，这个词用中文怎么说？还有昨天你教我的一个词我发音不太会，可以再说一下吗……"问话的人叫阿扎马特，是西北原油管道公司的一名哈方员工。

　　我和阿扎马特是在 2018 年初认识的。那时为了西北原油反输改造工程建设需要，我们一同被分到了 PMT 控制部。还记得第一次见面时，阿扎马特用中文

我和阿扎马特建立了深深的跨国友谊

说的一句"您好"，给所有人留下了深刻的印象。也就是在那时，他正式开启了汉语学习之路。阿扎马特第一次接触汉语还是在童年，他的姐姐因为学习成绩优异被优选到中国留学。受姐姐的影响，从那时起，他就对汉语产生了浓厚的兴趣。如今可以进入到中哈合资的公司工作，他更是十分高兴。

由于存在语言障碍，刚开始我们两个人的沟通并不是十分顺畅。有一次，因为对一个词的理解不同，争论了好久，最后问了翻译才知道两个国家对这个词的理解是不一样的。这件事以后，我们都认识到了语言的重要性。自此，一有闲暇时间他就跟我学习汉语，而我也跟他学习俄语。从拼音、声调、文字书写再到唱歌、读报、日常对话，我都耐心地教着，他也十分认真地学着。经过一年多的学习，他已经从开始的只会说你好、再见，到现如今的可以流利对话。

2019年10月，阿扎马特因汉语水平高被合资公司推荐到北京参加股东组织的"外国人讲中国故事"活动，并在20多名参赛选手中脱颖而出，获得了第三名的好成绩，受邀参观了故宫、长城等名胜古迹。阿扎马特的事迹被合资公司的同事知道后，许多哈方同事对学习汉语表现出了浓厚的兴趣，大家纷纷加入到了学习汉语的队伍中来。

搭建汉语学习平台

面对更多的爱好者对汉语学习的渴望，我在与哈国朋友的聚会上提出了是否可以成立一个外国人学汉语的平台。提议一经提出便得到了所有人的一致同意。"太好了，我好多朋友都想学汉语，就是找不到地方。"其中一个哈国小伙说。说干就干，大家各司其职，都

哈萨克斯坦阿拉木图中文口才俱乐部举办活动

投入准备工作中。经过一个多月的共同努力，阿拉木图中文口才俱乐部终于成立了。

但是，俱乐部第一次举行活动就遇到了一个大问题。由于没有场地，第一次活动就定在了一个当地较大的拉面饭馆。出乎意料的是活动当天来了四十多名热爱汉语的朋友，好多人因为没有座位，全程站着完成了活动。作为俱乐部创始人之一的扎丽娜想起那一天的情形还深有感触："那天饭店老板帮我们把几个桌子合在了一起，还有一半的人没有座位站在后面，但是丝毫没有影响大家学习汉语的热情。大家用仅会的词语做着自我介绍、自己学习汉语的经历，以及为什么要学习汉语。"

第一次活动之后，我抓紧和几个创始人一起研究俱乐部场地以及活动形式的问题。由于没有经费，俱乐部活动场地很难解决。在经过多天的艰难寻找与沟通后，终于有一所大学愿意在学生放学后将教室借给我们使用。场地的问题解决了。考虑到俱乐部学员们的汉语水平高低不同，制定了从易到难、老带新分组学习的方案，由水平高的学员担任组长，负责提高其他组员的汉语水平。活动的形式也多种多样，有理论学习、情景对话、定期聚餐、野外郊游等等。每个月由一名中国人给大家讲述学员感兴趣的话题。回忆起第一场话题分享，学员阿依达娜至今还难以忘怀："我还记得很清楚，那一次是胡给我们讲了中国的文化，还有历史地理。这些都能帮助我们更好地了解中国，更好地说汉语。"

通过俱乐部举行的活动，越来越多的哈国学员的汉语水平得到了提高，也有越来越多喜欢学习汉语的朋友加入进来。2020 年，俱乐部在奇姆肯特设立了分部，迄今为止中文口才俱乐部已为超过 1000 名哈国当地人提供汉语学习机会。

乒乓球让我们距离越来越近

除了汉语这座桥梁，乒乓球作为中国的国球，也为加固中哈双方员工的友谊做出了贡献。好多哈国人都喜欢打乒乓球，在哈的各大企业也都有各自的乒乓球队。我作为一名海外石油人也不例外，每周都和同事打两场。在我的影响下，公司好几名哈方同事也加入到了打乒乓球的队伍中来。乒乓球不仅增加了我们同事间合作的默契程度，而且加深了彼此之间的感情。

2019 年底，由中国银行和大成律师事务所联合举办的乒乓球大赛在阿拉木图进行，西北原油管道公司赢得乒乓球比赛季军

2019 年底，由中国银行和大成律师事务所联合举办的乒乓球大赛在阿拉木图拉开帷幕，哈电信、哈石油、哈银行及中方领事馆、中资企业等参赛。我所在的西北管道公司受邀参加。赛场上大家你争我夺，休息时大家坐在一起边喝茶边交流比赛经验。经过一整天的激烈角逐，在我和公司哈方同事的亲密配合下，我们的队伍在 15 个参赛队伍中脱颖而出，获得了第三名的好成绩。比赛结束后，大家互相握手、拥抱，祝贺彼此取得的成绩。

　　在"一带一路"上众多中外合资的项目中，这样的事例还有很多。在与当地人的工作与生活中，一朵朵洁白无瑕的友谊之花，正在尽情地绽放着。我相信在不久的将来，这些人将在自己的国家传递中国文化，将中哈友好传统发扬光大。